파워 러시아문학 텍스트 II

문준일・추석훈

HU:iNE

머리말

'파워 러시아문학텍스트II'는 I권을 마치고 러시아어의 문장구조에 조금씩 익숙해져가는 학생들이 이제 본격적으로 러시아 고전 작가들의 작품을 통하여 러시아어 문장구조를 심화 학습하는 과정으로 준비되었다. 대상 작가는 안톤 체홉(Антон Чехов)과 알렉산드르 뿌쉬낀(Александр Пушкин)이다. 이 책의 첫 번째 작가인 안톤 체홉의 단편들은 여러 러시아어 교재에 꼭 쓰일 정도로 문장이 규범적이다. 예전에 한 러시아 작가의 어린 시절 에피소드를 읽은 적이 있다. 그는 러시아어 수업에서 낙제점을 받던 학생이었다. 언어에 소질이 없다고 낙심하던 그에게 손길을 내민 사람은 그가 다니던 학교의 러시아어 선생님이었다. 그 선생님의 도움을 받아 긴 여름방학 동안 그는 매일 책상에 앉아 열심히 공부하였다고 한다. 개학 후 그는 첫 러시아어 시험에서 최고점을 받는다. 그가 방학 동안 했던 일은 매일 체홉의 작품을 첫 문장부터 끝까지 베껴 쓰는 것이었다.

이 교재에는 4편의 단편작품을 실었다. 체홉식의 경쾌하고 유머러스한 분위기가 돋보이는 작품들도 있고, 반까(Ванька)같이 가슴 한켠에 애절한 여운이 길게 남는 단편도 있다. 인간의 내면 심리, 허위, 그리고 익숙해진 거짓이 풍자스럽고 유쾌하게 파헤쳐지는 그의 이야기를 따라가다 보면 어느덧 러시아어에 익숙해져 가는 자신을 발견하게 되리라 기대한다.

두 번째 작가는 러시아 근대 문학의 창시자라고 불리는 알렉산드르 뿌쉬낀이다. 그의 작품 "벨낀 이야기(Повести Белкина)"를 텍스트로 삼았다. 5편의 단편으로 이루어진 "벨낀 이야기"는 19세기 러시아 생활의 다

양한 모습을 보여주기에 손색이 없다고 생각하였고, "뿌쉬낀의 나라", 러시아를 전공하는 학생들이 필독 하여야 할 작품을 러시아어로 완독하는 것도 새로운 경험이 될 것으로 기대한다. 아울러 이 5편의 단편이 만들어 내는 전체적인 의미구조를 각자 구축해보고, 그에 따라 각자의 작품 해석을 해보는 것도 러시아 문학에 입문하는 전공 학습자들에게 의미가 있을 것으로 생각한다.

'파워 러시아문학텍스트II'는 본문에서 익혀야 할 중요한 문법 사항과 문장 구조들을 연습문제로 반복하여 습득할 수 있게 하였다. 외국어 습득과정에서 가장 중요한 것은 실제로 문장을 구사해보면서 실수를 해보는 것과 구문을 반복하는 것이라고 저자들은 생각한다. 실수와 반복은 외국어 학습의 가장 기본적인 조건이다. 그렇게 체화시키는 과정을 거쳐야 비로소 러시아 문장이 나의 것이 되는 것이고, 그것을 바탕으로 자신의 의사를 적절하고 정확히 표현할 수 있는 단계에 접어들 수 있다.

'파워 러시아문학텍스트I'에 이어 이 교재가 러시아어와 러시아 문학을 이해하는데 조그만 도움이 되었으면 하는 것이 집필자들의 바람이다.

Не узнаешь страх, не будешь храбрым!

2011년 2월

공저자

Содержание

Ⅰ. АНТОН ПАВЛОВИЧ ЧЕХОВ(1860-1904)

Ⅱ. АЛЕКСАНДР СЕРГЕЕВИЧ ПУШКИН (1799-1837) Повести Белкина

I

АНТОН ПАВЛОВИЧ ЧЕХОВ
(1860-1904)

АВТОР

안똔 빠블로비치 체홉은 러시아 남부의 항구 도시 따간로그에서 1860년 태어났다. 부친은 식량 잡화상으로 조부 때까지는 농노였던 가계였다. 부친은 지주로부터 권리를 사서 자유를 얻은 입지전적 인물이었다. 하지만 체홉이 16세 때인 1875년 부친은 파산했다. 한밤중에 도망친 부친을 따라 가족도 모스크바로 옮겼으나, 체홉은 중학교를 졸업할 때까지 3년간 고향에서 혼자 지냈다. 이 후 체홉의 가족은 1890년이 될 때까지 함께 모여 살지 못했다. 체홉과 그의 어머니는 이 집에서 저 집으로 옮겨 다니며 살았고, 자신들의 집에서 쫓겨나기도 했다. 마침내 가족은 모스크바에 있는 아버지와 다 함께 모여 살게 되었고, 체홉은 1879년 모스크바 대학 의학부에 입학하였고, 1884년에 졸업했다. 졸업 후에도 의사를 본업으로 삼지는 않았으나 의사로서의 지각과 자부심은 평생 지니고 있었다. 또 평생의 지병이었던 결핵의 징후가 나타났던 것도 대학을 졸업한 해였다.

그의 관심은 이미 창작에 있었다. 생활비를 벌기 위해 대학생시절부터 당시 유행했던 유머 잡지들에 안또샤 체혼떼(Антоша Чехонте)라는 필명으로 투고하기 시작했던 것이다. "체혼떼 시기"라고 불리는 이 시기에 쓰여진 많은 작품 가운데 "관리의 죽음(Смерть чиновника)" 같이 뛰어난 작품이 적지 않다. 이후 수보린(А. Суворин)에 의해 발탁되어 본명을 써서 발표하기에 이른다. "아가피야(Агафья)", "여행중에(На пути)", "성스러운 밤에(Святою ночью)" 등 작품에서는 뚜르게네프를 연상케하는 문체와 뛰어난 자연묘사, 풍부한 서정성이 두드러진다. 이후 북방통보(Северный вестник)지에 "스텝(Степь)"이 발표되었다.

이후 문학적 명성과 함께 찾아온 울적함과 둘째 형의 죽음으로 그는 갑자기 사할린 여행을 결심한다. 8개월에 걸친 여행 후 1892년 모스크바 근교의 멜리호보(Мелихово) 마을에 거처를 정하고 1897년까지 거주한다. 이 시기에 그는 건강을 회복하고, 가장 왕성히 작가활동을 하였다. "갈매기(Чайка)" 등 그의 주요 희곡작품들이 이 시기에 쓰여졌다. 1897년 3월 객혈한 후 얄타로 옮겨 요양생활에 들어갔다. 만년에 결혼하여 행복한 시간을 보내었으나, 1904년 독일의 휴양지 바덴와이러에서 44세의 나이로 삶을 마쳤다. 그가 활동했던 모스크바 예술극장(MXAT)에서 장례절차가 이루어졌고, 모스크바의 노보제비치 묘지(Новодевичье кладбище)에 묻혔다.

Урок 1

НА ДАЧЕ

ТЕКСТ

«Я вас люблю. Вы моя жизнь, счастье – всё. Простите за это письмо, но я не могу больше молчать. Будьте сегодня в восемь часов вечера в старой беседке. Я не подписываю своё имя, но я молодая и красивая. Что ещё вам надо?»

Дачник Павел Иванович, человек семейный, долго читал письмо и удивлялся.

– Я женат, и вдруг такое странное, такое глупое письмо! Интересно, кто его написал?

Павел Иванович ещё раз прочитал письмо. Он был женат уже восемь лет и ни разу не получал никаких писем. Первый раз в жизни он получил любовное письмо. Через час он лежал на диване и думал:

– Конечно, я не мальчик и не побегу на это свидание, но очень интересно знать, кто это написал. Почерк, конечно, женский. Может быть, это письмо написал вдова. Вдовы очень сентиментальный.

Решить этот вопрос очень трудно, потому что здесь, на даче, он не знал ни одной женщины, кроме жены.

«Странно, – думал он. – «Я вас люблю». Как она могла полюбить, если она даже не познакомилась со мной, не знает, какой я человек! Наверное, она очень молодая, если может так быстро полюбить!»

Вдруг Павел Иванович вспомнил, что вчера и позавчера, когда он гулял в парке, он несколько раз встречал молодую блондинку в голубом платье. Блондинка часто смотрела на него, а когда он сел на скамейку, она села рядом с ним. Он вспоминал девушку и улыбался.

– Она? – подумал Павел Иванович. За обедом Павел Иванович смотрел на жену и думал:

«Пишет, что она молодая. Если говорит правду, то я тоже не очень старый. Меня тоже можно любить. И жена меня любит!»

– О чём ты думаешь? – спросил его жена.

– Голова болит, – сказал Павел Иванович.

После обеда Павел Иванович отдыхал в удобном кресле и думал: «Она, наверное, надеется, что я приду. Но интересно, кто она?»

Павел Иванович быстро встал и начал одеваться.

Жена заметила, что он надевает чистую рубашку и новый галстук, и спросила:

– Куда ты идёшь?

– Хочу погулять. Голова болит.

В восемь часов он вышел из дома. Старая беседка была в конце аллеи. У него сильно билось сердце, когда он вошёл в беседку. В углу он увидел человека. Но это был мужчина. Павел Иванович узнал его – это был Митя, брат жены. Митя жил у них на даче. Две минуты они молчали.

– Извините меня, Павел Иванович, – я здесь думаю о своей диссертации, и вы мне мешаете.

– А ты иди в тёмную аллею, на свежем воздухе легче думать. А я хочу тут на скамейке поспать, здесь не так жарко.

– Диссертация важнее, – сказал Митя.

Наступило молчание. Павел Иванович опять заговорил:

– Я прощу один раз в жизни: уйди! Митя не уходил.

– Послушай, Митя, прощу тебя последний раз. Покажи, что ты умны, гуманный человек.

Митя тихо ответил:

– Я сказал, не уйду, значит не уйду.

В это время около входа в беседку они увидели женское лицо, которое быстро исчезло.

– Между нами всё кончено, – сказал Павел Иванович, встал и пошёл к дому.

– Очень рад, – сказал Митя и тоже встал.

За ужином они смотрели в свои тарелки и молча ели. Они ненавидели друг друга. Жена Павла Ивановича улыбалась.

– Какое письмо ты получил сегодня утром? – спросила она.

– О чём ты говоришь? Я ничего не знаю. Какое письмо?

– Я знаю, что ты получил. Я написала тебе это письмо. Нам надо было пол помыть. А как ещё заставить тебя уйти из дома? Только так! Чтобы тебе не было скучно, я Мите тоже такое письмо послала. Митя! Ты был в беседке?

Митя смотрела на Павла Ивановича и улыбался.

ЛЕКСИКА

счастье
беседка
подписывать / подписать
удивляться / удивиться
бежать / побежать
свидание
почерк
вдова
скамейка
улыбаться / улыбнуться
за обедом

за ужином
надеяться
галстук
аллея
сердце
узнавать / узнать
мешать / помешать *кому*
исчезать / исчезнуть
ненавидеть
мыть / помыть
заставлять / заставить

АКТИВНАЯ ЛЕКСИКА

1.

молчать / помолчать – молча – молчание
женщина – жена – женат
женский почерк – женское лицо
семья – семейный человек
дача – дачник
раз – ещё раз – первый раз
много раз – последний раз
ни разу – несколько раз

2. антонимы

ненавидеть ≠
старый ≠
жарко ≠
последний раз ≠
молодой ≠
молчать ≠
глупый ≠
скучно ≠
мешать ≠
тёмный ≠

КОММЕНТАРИИ

1. никогда не ~ 구문

"결코 ~한 적이 없다"라는 의미를 가지는 이 구문은 과거시제에서 불완료상 동사를 쓴다.

НИКОГДА НЕ + глагол. несов.
никогда не **читал**, никогда не **встречал**

Я никогда не получал любовные письма.
Я никогда не встречал этого человека.
Я никогда не смотрел этот фильм.
Я никогда не замечаю, как люди одеваются.
Я никогда не писал этому человеку.

2. помнить 동사

Помнить 동사에서 파생한 вспомнить, запомнить 동사들은 다음과 같은 의미의 차이를 가지며, 결합되는 부사구들도 각기 다르다.

Помнить кого-что / о ком, о чём 기억하다 (сохранять, удерживать в память, не забывать)
Запоминать / Запомнить кого-что 기억하다, 외우다, 새로운 것을 잊지 않게 기억하다 (включать, вводить в память что-то новое)
Вспоминать / Вспомнить кого-что / о ком, о чём 기억해 내다, 회상하다, 생각해 내다 (восстановить, оживить в памяти)

Помнить: всегда, всю жизнь, всё время, долго; хорошо, плохо
Запоминать / Запомнить: навсегда, на всю жизнь, надолго, с первого раза, на будущее; хорошо, плохо
Вспоминать / Вспомнить: через некоторое время, спустя несколько дней, поздно, вдруг

ЗАДАНИЕ

1. Вставьте подходящий глагол.

Помнить – Вспоминать / Вспомнить – Запоминать / Запомнить

1. Вдруг он _________, что несколько раз встречал блондинку в голубом платье.
2. Он _________ девушку и улыбался.
3. У сына очень хорошая память: он быстро _________ стихи. Вчера он прочитал стихотворение только один раз и сразу _________ его.
4. Мать умерла рано, когда ему было два года, и он её не ________.
5. Встречу с любимым поэтом она _________ на всю жизнь.
6. Сказки, которые мы прочитали в детстве, мы _________ всю жизнь.

2. Вставьте глагол.

1. Получать / Получить

   Однажды Павел Иванович _________ письмо. Раньше он никогда не ________ письмо. Когда он _________ письмо, он очень удивился. Когда Чехов жил в Ялте, он _________ много писем от своих читателей.

2. Видеть / Увидеть

   Павел _________ несколько раз девушку в голубом платье. Жена _________, что Павел надел новый галстук. В беседке он _________ мужчину.

3. Писать / Написать

Это письмо _________ его жена. Раньше она никогда не _________ ему писем. Она _________ письмо, потому что хотела проверить мужа. Когда Чехов жил в Ялте, он часто _________ письма своим друзьям.

4. Удивляться / Удивиться

Он читал и _________. Когда он увидел в беседке мужчину, он _________. Когда жена увидела, что Павел надевает новый галстук, она _________.

5. Улыбаться / Улыбнуться

Жена смотрела на Павла и _________. Этот человек очень серьёзный6 он никогда не _________. Он прочитал письмо и _________. Когда он читал письмо, он _________. Митя _________ и смотрела на Павла Ивановича.

Урок 2

ЗИНОЧКА

ТЕКСТ

Я хочу рассказать, как меня ненавидела молодая, хорошенькая девушка. Мне было тогда восемь лет. Был прекрасный летний вечер. Мы с Зиночкой занимались. Зиночка – это моя гувернантка. Мне не хотелось заниматься, и я больше смотрел в окно, чем в учебник. Во дворе в это время мой отец собирался на охоту. Мать и сёстры уехали к соседям. Зиночка достала из кармана записку и посмотрела на часы. До конца урока было ещё полчаса.

– Теперь математика, – сказала она, – решите задачу № 325, а я скоро приду.

Она вышла. Я увидел её платье в саду и всё понял. Она хочет собрать в саду наши ягоды, пока моих родителей нет дома. Я бросил задачник и побежал в сад. В саду я увидел, как мой старший брат Саша целоваться с Зиночкой.

Вечером Зиночка зашла ко мен в комнату, чтобы узнать, не заснул ли я в одежде.

– А я знаю! – сказал я и улыбнулся.

– Что вы знаете?

– Я видел, как вы целовалась с Сашей. Я скажу маме.

– Петя! Это нехорошо. Будьте мужчиной!

Она не спала всю ночь и утром пришла завтракать с

синими кругами под глазами. После завтрака я подошёл к Саше, улыбнулся и сказал:

– А я знаю! Я видел, как ты вчера целовался с Зиной.

Теперь Зиночка ставила мне пятёрки никогда не жаловалась на меня отцу. Я не учил уроки. Она не могла заставить меня заниматься. На уроках я ходил на голове. Она ничего не могла сделать со мной.

Однажды за обедом, когда у нас было много гостей, я посмотрел на Зиночку, улыбнулся и сказал:

– А я знаю... я видел...

– Что ты знаешь? – спросила мама. Я видел, как покраснела девушка и какие злые глаза были у Саши. Я не стал продолжать.

В тот же день вечером я заметил, как изменилось лицо Зиночки. Оно стало холодным и злым. В середине урока она вдруг сказала: «Ненавижу». Она страстно ненавидела меня. Иногда вечером она подходила к моей кровати. Когда я открывал глаза, я видел её злое лицо.

Однажды был лунный летний вечер, я гулял в саду. Вдруг ко мне подошла бледная красивая Зиночка и тихо сказала:

– О, как я тебя ненавижу! Я хочу, чтобы ты знал это.

Я пожаловался матери и рассказал, как Саша целовался с Зиночкой.

Скоро она стала женой брата. Но и теперь, когда я стал старым и лысым, она смотрит на меня с ненавистью.

ЛЕКСИКА

хорошенькая = красивая
охота
записка
ягода
целоваться *с кем*
засыпать / заснуть
круг
жаловаться / пожаловаться *кому, на что*

ходить на голове
злой
продолжать / продолжить
изменяться / измениться
середина
страстно
луна
лысый
ненависть

КОММЕНТАРИИ

1. Становиться / Стать 구문

Становиться / Стать 동사는 명사, 형용사, 동사와 결합할 수 있다. 하지만 Становиться 는 형용사와만 결합 할 수 있다.

Погода становится холоднее.
Колумбия становится более открытой для туристов.

Стать 는 명사, 형용사와 결합하여 "~ 가 되다, ~ 해졌다" (to become) 의 뜻을 가진다.

Скоро Зина стала женой брата.
Лицо Зиночки стало холодным и злым.
Но и теперь, когда я стал старым и лысым, она смотрит на меня с ненавистью.

Стать 는 동사와 결합하여 "~ 하기 시작하다" (to start) 라는 뜻을 가진다. 이때 결합하는 동사는 불완료상 동사만을 쓴다.

Я не стал продолжать.

ЗАДАНИЕ

1. Поставьте слова в скобках в правильной грамматической форме.

1. Чехов окончил медицинский институт и стал _______. (*врач*)
2. Сестра с детства мечтала стать _________. (*актриса*)
3. Гувернантка не стала _________ (*собирать* / *собрать*) ягоды в саду.
4. Она ненавидела этого человека, даже когда он стал ________. (*старый*)

2. Допишите окончания прилагательных.

ПРЕКРАСНЫЙ (-АЯ, -ОЕ, -ЫЕ)

прекрасн___ характер

прекрасн___ погода

прекрасн___ платье

прекрасн___ дни

прекрасн___ девушка

ЛЕТНИЙ (-ЯЯ, -ЕЕ, ИЕ)

летн___ день

летн___ утро

летн___ платье

летн___ погода

летн___ туфли

ЗИМНИЙ (-ЯЯ, -ЕЕ, -ИЕ)

зимн___ вечер

зимн___ солнце

зимн___ пальто

зимн___ шапка

зимн___ дни

3. Допишите окончания словосочетания *старший брат.*

1. Петя остался дома со старш___ брат___.
2. В саду мальчик увидел старш___ брат___.
3. Петя рассказал маме о старш___ брат___.
4. Старш___ брат___ целовался с Зиночкой.
5. Зиночка получила письмо от старш___ брат___.
6. Петя сказал старш___ брат___, что он всё видел.

4. Поставьте выделенные слова в форму множественного числа.

1. Мама, *брат и сестра* тоже жили на даче.

2. *На уроке* я ходил на голове.

3. Мама *с сестрой* поехали *к соседу.*

4. Учительница поставила ему *пятёрку.*

5. В саду Петя увидел *брата.*

6. После урока Петя подошёл *к брату.*

5. Измените предложения

Я не хотел читать > Мне не хотелось читать.
Мы не хотим читать > Нам не хочется читать.

1. Он не хотел заниматься.

2. Зина не хотела заниматься.

3. Она хочет собрать ягоды в саду.

4. Мальчик хотел рассказать всё маме.

6. Вставьте нужный глагол.

1. Жаловаться / Пожаловаться *кому, на кого*

   Зиночка не могла ______________ на мальчика, потому что она боялась, что он расскажет всё матери. Мальчик ____________ матери и рассказал, что Зина целовалась с Сашей.

2. Подходить / Подойти *к кому*

Часто Зина __________ к его кровати и зло смотрела на него. Мальчик ___________ к брату и сказал, что он всё видел. Зина __________ к мальчику в саду и сказала, что она ненавидит его.

3. Собираться / Собраться *куда* или + *инф.*

Собирать / Собрать *что*

Отец __________ на охоту. Петя думал, что гувернантка хочет __________ ягоды в их саду. Я не ___________ никуда ехать летом, буду жить на даче, потому что люблю ___________ грибы.

4. Целоваться / Целоваться *с кем*

Целовать / Поцеловать *кого-что*

Петя видел, как брат ___________ с Зиной. Когда поляк здоровается с женщиной, он ____________ ей руку. На русской свадьбе жених и невеста должны __________, когда гости кричат «Горько!».

Урок 3

ВАНЬКА

ТЕКСТ

Ваньке Жукову девять лет. Три месяца назад его привезли из деревни в Москву. В ночь под Рождество он не ложился спать. Когда хозяин ушел в церковь, Ванька взял из шкафа ручку и лист бумаги и стал писать.

«Милый мой дедушка, Константин Макарыч. Я пишу тебе письмо. Поздравляю тебя с Рождеством и желаю тебе всего от господа бога. Нету у меня ни отца, ни матери. Только ты у меня один остался».

Ванька положил ручку и ясно представил себе своего деда, который работал ночным сторожем у богатого хозяина. Это был маленький, худой и веселый старик. Днем он спит в кухне, а ночью ходит вокруг дома и громко разговаривает со своим старым другом – собакой Каштанкой.

Ванька вздохнул и продолжал писать.

«А вчера хозяин сильно побил меня за то, что я сидел с их ребенком и заснул. А еды нет никакой. Утром дают хлеб, в обед кашу, а вечером тоже хлеб, а чай и суп никогда не дают. Сплю я в коридоре, а когда маленький сын хозяина плачет, я всю ночь не сплю. Хожу с ним по комнате. А он кричит, кричит, кричит всю ночь.

Милый дедушка, сделай доброе дело, увези меня отсюда обратно в деревню, не могу больше жить здесь, а то умру».

Ванька глубоко вздохнул и продолжал:

«Я хотел побежать пешком в деревню, но нет ботинок, боюсь снега. А когда я буду взрослым, то буду всегда помогать тебе, а ты не будешь работать, будешь только отдыхать...»

Ванька вспомнил, как он жил в деревне, когда мать была еще жива и служила в богатом доме. Дочь хозяина научила Ваньку читать, писать, считать до ста и даже танцевать. Когда мать умерла, Ваньку сначала отправили на кухню к деду, а потом в Москву к сапожнику учиться шить ботинки. Ванька вспоминал деревню и улыбался. Он подумал немного и продолжал писать.

«Приезжай, милый дедушка, возьми меня отсюда. Меня все бьют, мне очень хочется есть. Мне так плохо, что и написать не могу: все время плачу. Все равно меня здесь не учат шить ботинки. Милый дедушка, приезжай за мной! Твой внук Ванька Жуков».

Ванька положил письмо в конверт, который он вчера купил за копейку. Мальчик немного подумал и написал на конверте адрес:

«На деревню дедушке».

Потом подумал еще и написал:

«Константину Макарычу».

Ванька был рад, потому что никто не мешал ему писать. Он надел шапку и без пальто в одной рубашке выбежал на улицу, чтобы поскорее послать письмо дедушке.

ЛЕКСИКА

церковь
желать / пожелать
оставаться / остаться
ясно
представлять / представить себе
сторож
ночной сторож
худой
вздыхать / вздохнуть
бить / побить

еда
каша
кричать
ботинки
служить
отправлять / отправить *кого, что, куда, кому*
посылать / послать *кого, что, куда, кому*
сапожник

КОММЕНТАРИИ

부정(不定)인칭문(Неопределённо-личные предложения)

부정인칭문은 분명치 않은 사람에 의해 이루어지는 동작을 표현하거나, 동작하는 사람에게 관심을 돌리지 않을 때, 즉 행위나 사건에만 관심을 두고, 누가 행하느냐에 대해 중요하게 생각하지 않거나, 분명치 않을 때 쓰게 된다. 문장에서 주어는 없으며, 동사는 3인칭 복수를 쓴다.

Строят новую школу. 새로운 학교를 짓고 있다.
Принесли письмо. 편지를 가지고 왔다.
Вас ждут. 당신을 기다리고 있다.

В магазине *продают* газеты.
Его *посылают* в командировку. / Его *послали* в командировку.
В магазин скоро *привезут* новые книги. / В магазин *привезли*

новые книги.

В нашем городе *будут строить* автомобильный завод.

Три месяца назад мальчика *привезли* из деревни в Москву.
Утром *дают* хлеб, в обед кашу.
Когда мать умерла, Ваньку сначала *послали* на кухню к деду.
Всё равно меня здесь не *учат* шить ботинки.

ЗАДАНИЕ

1. Сделайте предложения отрицательным.

Я был в Париже и в Риме. > Я не был ни в Париже, ни в Риме.
У него есть дом и машина. > У него нет ни дома, ни машины.

1. У них есть сын и дочь.
2. Мальчику дают суп и чай.
3. У него есть отец и мать.
4. В письме он пишет о хозяине и о его сыне.
5. У сестры есть кошка и собака.

2. Поставьте глагол.

1. Улыбаться / Улыбнуться

   Жена посмотрела на мужа и __________.

   Наш сын очень весёлый мальчик. Он всегда __________.

2. Продолжать / Продолжить

Петя увидел, как покраснела девушка, и не стал __________.

Ванька вздохнул и ____________ писать.

3. Мешать / Помешать *кому*

Митя сказал, что Павел Иванович __________ ему.

Мальчик был рад, потому что никто не __________ ему.

4. Бежать – Бегать / Побежать

Петя подумал, что Зиночка хочет собрать ягоды, и ________ в сад.

Посмотрите: спортсмен __________ очень быстро.

Мой сын хорошо __________ , потому что он любит играть в футбол.

5. Посылать / Послать

Жена сказала, что она _________ письмо.

Мальчик хотел быстрее _________ письмо дедушке.

Мой друг каждый месяц _________ деньги матери.

6. Надевать / Надеть

Жена Павла заметила, что он _________ новый галстук.

Ванька _________ шапку и выбежал на улицу.

3. Допишите к глаголам движения нужные префиксы.

по- под- / подо-

в- / во- ≠ вы-

при- ≠ у-

1. Когда Павел Иванович ___шёл в беседку, он увидел в углу мужчину.
2. Митя сказал, что не хочет ___ходить, потому что он хочет в беседке думать о своей диссертации.

3. В тот день мать Пети и сёстры ___ехали к соседям.

4. Зиночка ___шла завтракать с синими кругами под глазами.

5. Однажды вечером Зиночка ___шла ко мне и тихо сказала: «Как я тебя ненавижу!»

6. Ваньку ___везли из деревни в Москву.

7. Хозяин ___шёл в церковь.

8. Ванька ___бежал на улицу, чтобы поскорее послать письмо дедушке.

9. В письме мальчик просит, чтобы дедушка ___ехал и ___вёз его из Москвы.

4. Вставьте глаголы.

класть / положить *что, куда*
лежать *где*
ложиться / лечь

В ночь под Новым год мальчик не __________ спать. Ванька __________ ручку и представил себе деда. Ручка __________ на столе. Мальчик написал, что он иногда всю ночь не __________ спать, когда ребёнок хозяина плачет. Ванька __________ письмо в конверт. Письмо __________ в конверте.

Урок 4

ХАМЕЛЕОН

ТЕКСТ

Через рыночную площадь идёт начальник полиции Очумелов, а за ним полицейский Елдырин. На площади нет никого. Двери магазинов открыты, но около них тоже никого нет.

– Ты кусаться вздумала? – слышит вдруг Очумелов, – Эй, держите её! Нельзя кусаться! Держи! А... а!

Слышно, как лает собака. Очумелов смотрит в ту сторону и видит: из магазина выбегает собака, за ней бежит человек. Кто-то кричит: «Держи!». Люди смотрят из окон, что случилось, и скоро около магазина собирается толпа.

– Что-то там случилось, – говорит Елдырин.

Очумелов идёт к толпе. Около дверей, видит он, стоит тот человек, который бежал за собакой, и всем показывает палец. На его пьяном лице написано: «Я ей сейчас покажу!» Очумелов узнал его – это ювелир Хрюкин. В центре толпы сидит на земле белая собака.

– Что случилось? – спрашивает Очумелов и проходит через толпу. – Почему вы тут? Ты зачем показываешь палец?.. Кто кричал?

– Иду я, – начинает ювелир, – никого не трогаю, и вдруг эта собака кусает меня за палец. Вы меня извините, я работаю. Вы сами знаете, какая у меня работа. Пусть они заплатят мне – я долго не смогу ничего делать этим пальцем!

– Гм!.. Хорошо... – говорит Очумелов. – Хорошо.. Чья собака? Я этого так не оставлю. Я покажу вам! Пусть хозяин собаки штраф заплатит! Я накажу его! И собаку надо убить сейчас же! Я спрашиваю, чья собака?

– Кажется, это собака генерала, – кричит кто-то из толпы.

– Генерала? Гм!.. Сними, Елдырин, с меня пальто. Жарко. Я не понимаю – как она могла тебя укусить? Она маленькая, а ты такой высокий! Ты, наверное, сам палец порезал, а потом решил, что можно деньги получить! Я знаю вас!

– Нет, это собака не генерала, – говорит Елдырин, – у генерала нет таких собак...

– Ты это точно знаешь?

– Точно.

– Конечно, у генерала все собаки дорогие. Кто такую собаку только держит?

«А может быть, собака генерала, вчера у него во дворе такая собака бегала», – думает Елдырин.

– Да, точно, его собака, – говорит кто-то из толпы.

– Гм, Елдырин, надень на меня пальто... стало холодно. Возьми собаку и отведи к генералу, спроси там, не их ли собака. Скажешь ему, что я нашёл и прислала. И осторожно, она, может быть дорогая. А ты, дурак, не показывай всем свой палец. Сам виноват!

– Повар генерала идёт. Надо спросить его. Эй, иди сюда, посмотри на собаку. Ваша?

– Нет. У нас никогда не было таких собак.

– Не надо было спрашивать. Ясно, не у неё хозяина, она живёт на улице. Надо убить её.

– Это не наша, – продолжает повар, – это брата генерала, он вчера приехал. Наш генерал таких не любит, а его брат любит...

– Разве брат его приехал? Владимир Иванович? – спрашивает Очумелов и улыбается. – А я не знал. В гости приехал?

– В гости.

– Так это его собачка? Очень рад. Возьми её. Хорошая собачка, такая быстрая – укусила ювелира за палец. Ха-ха-ха!

Повар позвал собаку, она сразу же подбежала к нему. Они уходят. Толпа смеётся над ювелиром.

– Я тебе покажу! – говорит ему Очумелов и идёт дальше по рыночной площади.

ЛЕКСИКА

кусаться
держать
толпа
пьяный
трогать
оставлять / оставить
штраф
наказывать / наказать

снимать / снять
резать / порезать
двор
надевать / надеть
виноват, -а, -о, -ы.
повар
смеяться *над кем*

ЗАДАНИЕ

1. Вставьте словосочетание *рыночная площадь* (ж.)

1. **Через** __________ __________ идёт начальник полиции.
2. Толпа собралась **на** __________ __________ .
3. Когда полицейские подошли **к** __________ __________ , они увидели толпу.
4. Магазин находится **недалеко от** __________ __________ .
5. Ресторан находится **рядом с** __________ __________ .

2. Вставьте глагол.

Бежать – Бегать / Побежать
Выбегать / Выбежать
Убегать / Убежать
Подбегать / Подбежать

1. Очумелов смотрит в сторону и видит: из магазина ___________ собака. За ней ___________ человек.
2. Около дверей стоит тот человек, который ___________ за собакой.
3. Собака даже не пытается ___________.
4. Вчера у генерала во дворе такая собака ___________.
5. Повар позвал собаку, она сразу же ___________ к нему.

3. Добавьте в предложения значение императивности

Они должны мне заплатить. > Пусть они мне заплатят!
Хозяин собаки должен штраф заплатить. > Пусть хозяин собаки штраф заплатят!

1. Она должна подписать этот документ.
2. Им надо купить этот словарь.
3. Он должен положить деньги в банк.
4. Они должны пригласить экспертов из Англии.
5. Он должен заплатить мне за эту работу.

4. Сделайте предложения побудительными.

Мы должны подписать этот документ. >
Давайте подпишет этот документ!

1. Нам надо купить этот словарь.
2. Мы должны положить деньги в банк.
3. Мы должны пригласить экспертов из Англии.
4. Нам надо посмотреть это в Интернете.

КУЛЬТУРА

러시아 문학 작품에서 주인공의 성(фамилия)은 작품해석에 중요한 열쇠가 되는 의미를 내포하는 경우가 있다. 흔히들 이런 성들을 어떤 의미를 말해주는 성(говорящая фамилия)라고 한다.

이 작품에서도 두 등장인물의 성은 매우 유머스럽게 형성되었다. Очумелов 는 미쳤다 라는 뜻의 очуметь 동사에서 만들어졌고, Хрюкин 은 돼지가 우는 소리인 хрю-хрю 에서 따온 것이다. 이 성에서 우리는 Очумелов가 제 정신이 아닌 사람, Хрюкин은 돼지같이 살이 찌고 둔한 사람이라는 걸 알 수 있다. 주인공의 성이 성격과 외향까지 암시해주는 역할을 하는 것이다.

러시아인의 성은 대략 동물, 식물 이름에서 파생한 것, 직업에서 파생한 것, 사람이름에서 파생한 등으로 나누어 볼 수 있다. 다음의 표에서 마지막 칸을 한국어로 채워 보도록 하자.

1) 동, 식물

Медведев	Медведь	곰
Зверев	Зверь	
Орлов	Орёл	
Соловьёв	Соловей	
Белкин	Белка	
Гусинский	Гусь	
Волков	Волк	
Карпов	Карп	
Птицын	Птица	
Березовский	Берёза	
Дубровский	Дуб	

2) 직업

Кузнецов	Кузнец	
Рыбаков	Рыбак	
Плотников	Плотник	

3) 사람 이름

Романов	Роман	

II

АЛЕКСАНДР СЕРГЕЕВИЧ ПУШКИН
(1799-1837)
Повести Белкина

АВТОР

러시아 근대문학의 창시자인 알렉산드르 뿌쉬낀의 삶은 비극적으로 짧다. 하지만 1837년 에드몽 단테스와의 결투로 비극적 최후를 맞은 그가 짧은 생애 동안 창조한 작품들이 러시아 문학에 미친 영향은 실로 놀라운 것이었다. 상뜨 뻬쩨르부르그의 그의 아파트에는 수천 명의 추모객들이 몰려들었다고 한다. "시인이 시인 이상이었던" 나라, 러시아에서도 그의 위치는 특별했던 것이다. 위대한 러시아의 시인은 그의 비극적 사후 러시아 문화의 상징으로 자리매김 된다.

그의 주요 문학 활동은 시 장르에서 이루어진다. 하지만 그가 죽기 8년 전부터 그의 주요한 활동장르는 산문이었다. 그 시기 가장 늦게 발표한 작품들이 "벨낀 이야기"와 "스페이드의 여왕"이다. 벨낀 이야기는 5개의 단편으로 이루어진 작품이다. 이 교재에서 처음 접하게 되는 이야기는 "눈보라" 이다. 허락 받지 못한 사랑으로 괴로워하는 젊은 연인들, 사랑의 도피, 그리고 그들 앞을 막아서서 서로의 운명을 엇갈리게 하는 눈보라. 엇갈린 운명과 사랑의 이야기가 흥미로운 이야기의 전개를 이끈다.

Урок 1

МЕТЕЛЬ

ТЕКСТ

В конце 1811 года жил в своем доме в деревне Ненарадове добрый Гаврила Гаврилович. Он был очень гостеприимным, и соседи часто приезжали к нему поесть, попить или поиграть в карты. Многие соседи приезжали только для того, чтобы посмотреть на его дочку Марью Гавриловну, стройную, семнадцатилетнюю девушку. Она считалась богатой невестой.

Марья Гавриловна любила французские романы и поэтому была влюблена. Она полюбила бедного офицера, который проводил отпуск в своей деревне. Родители Маши не разрешали им встречаться, поэтому молодые люди писали друг другу письма и иногда встречались в соседнем лесу или около церкви.

Наступила зима, и они не могли видеться часто. Владимир в каждом письме просил Машу жениться тайно. Наконец она согласилась. Они решили, что если они не могут жить друг без друга, а родители не хотят, чтобы они поженились, то они могут жениться тайно, а потом родители их простят. Владимир нашел свидетелей, которые согласились участвовать в этом тайном деле, и договорился со священником села Жадрино.

Накануне побега Марья Гавриловна написала теплые письма к родителям и подруге. Вечером она сказала, что не хочет ужинать, потому что у нее болит голова, и ушла в свою комнату. Потом Маша со своей девушкой через сад вышли на улицу, где их ждали сани Владимира с тройкой лошадей. Была сильная метель, ветер дул навстречу, как будто хотел остановить молодую преступницу. Кучер помог девушкам сесть в сани, и они поехали в Жадрино.

А Владимир поехал на маленьких санях без кучера – он хорошо знал дорогу. До Жадрино было верст пять. Как только Владимир выехал из дома, началась сильная метель. Он ничего не видел вокруг. Он ехал-ехал, а Жадрино все не было. Лошадь устала и все время останавливалась. Наконец метель кончилась, он увидел какую-то деревню, поехал туда, постучал в окно дома и спросил, далеко ли до Жадрино. Ему сказали, что недалеко – верст десять. Когда он приехал в Жадрино, было уже утро, и церковь была закрыта. Он пошел к священнику. Какое страшное известие ожидало его!

Но вернемся в Ненарадово и посмотрим, что происходит там.

А ничего!

Старики встали и вышли в гостиную. Маша тоже вышла из своей комнаты, скзала, что спала плохо. А вечером она заболела, у нее был жар. Никто ничего не знал о ее побеге, но в бреду она все время выдавала свою тайну. Мать ничего не могла понять, она поняла только, что Маша очень люблит Владимира, и написала ему письмо, в котором разрешила жениться на ее дочери. В ответ Владимир написал, что он никогда больше не будет в их доме.

Маша стала выздоравливать, но через несколько месяцев она нашла имя Владимира в списке офицеров, которые были тяжело ранены, и упала в обморок. Мать испугалась, что болезнь может вернуться, и никогда не говорила с дочерью о Владимире. Они переехали жить в другую деревню. Маша хранила все, что было связано с Владимиром.

Молодым людям нравилась Маша, но она ни на кого не смотрела. Со всеми она была холодна и никого не любила.

В это время из Европы возвращалась русская армия. Женщины встречали офицеров с радостью.

Недалеко от деревни, где жила Маша, жил молодой полковник Бурмин. Он был легко ранен на войне. Бурмин приехал в свою деревню в отпуск, он часто встречался с Машей, они подолгу разговаривали. Маша любила говорить с ним. Маша замечала, что он любит ее, но не могла понять, почему он никогда не говорит с ней о своей любви. Она думала, что у него, вероятно, есть какая-то тайна.

И вот однажды он рассказал ей все. Он сказал, что любит ее. Он сказал, что если бы он мог жениться, он женился бы только на ней. Но он не может жениться, потому что он уже женат. Маша посмотрела на него с удивлением.

– да, – сказал Бурмин, – я женат, но я даже не знаю, кто моя жена и где живет эта несчастная девушка, над которой я так подшутил.

В 1812 году Бурмин ехал на фронт. Однажды была сильная метель и он заблудился, не мог найти дорогу. Он увидел свет и поехал туда. Двери церкви были открыты. «Сюда! Сюда!» – закричало несколько голосов. «Почему ты так поздно? – сказал кто-то. – Невеста в обмороке, священник не знает, что делать, мы уже хотели ехать назад. Иди скорее!»

Бурмин вошел в церковь, две или три свечи освещали церковь.

Невеста сидела в темном углу. Старый священник подошел к Бурмину с вопросом: «Прикажете начинать?» – «Начинайте, начинайте», – ответил Бурмин. Девушку подняли, она была красивая. Их поженили. «Поцелуйтесь», – сказал священник. Девушка посмотрела на Бурмина. Он уже хотел поцеловать ее, но она закричала: «Ай, не он! Не он!» – и упала в обморок. Свидетели испуганно смотрели на него. Бурмин повернулся и вышел из церкви.

«Боже мой, боже мой!» сказала Маша, схватив его руку; «так это были вы! И вы не узнаете меня?»

Бурмин побледнел и бросился к ее ногам...

ЛЕКСИКА

гостеприимный
поесть / поедать
богатая невеста
влюблен *в кого*
разрешать / разрсшить *кому* + *инф*
прощать / простить
свидетель
сани (только мн. ч.)
навстречу
останавливаться / остановится
преступник
кучер
верста
стучать / стучить
быть в бреду
выдавать / выдать
выздоравливать / выздороветь
рапсп
хранить / сохранить
полковник
подщутить / подщучивать *над кем*
приказывать / приказать *кому*
поворачиваться / повернуться
гость
гостириимный
гостиприимство

АКТИВНАЯ ЛЕКСИКА

1. считаться *кем*

Она считается богатой невестой.
Победа считается несомненной.

2.

богатый ≠ бедный
сильный ≠ слабый
часто ≠ редка

легко ранен ≠ тяжело ранен
холодный ≠ тёплый
болеть / заболеть ≠ выздоравливать / выздроветь
закрыт ≠ открыт
начинать / начать ≠ кончать кончить
далеко ≠ близко, недалеко
счастливый ≠ несчастный

ЗАДАНИЕ

1. Прочитайте существительные, напишите однокоренные глаголы.

улыбка ← улыбаться / улыбнуться

удивление ← ____________

болезнь ← _____________

любовь ← _____________

шутка ← _____________

2. Переведите фразы на корейский язык

1. Он увидел **какую-то** деревню.
2. Она думала, что у него есть **какая-то** тайна.
3. Почему ты так поздно? – сказал **кто-то**.

3. Переведите фразы на корейский язык.

1. Он ничего не видел вокруг.
2. Ничего не происходит в Ненарадово.
3. Никто ничего не знал о её побеге.
4. Она ничего не могла понять.
5. Он написал, что никогда не будет в их доме.
6. Она никогда не говорила с дочерью о Владимире.
7. Она никого не любила.
8. Он никогда не говорил с ней о своей любви.

4. Вставьте нужный глаго движения.

ехать / поехать	уходить / уйти
приезжать / приехать	входить / войти
выезжать / выехать	выходить / выйти
переезжать / переехать	подходить / подойти
идти / пойти	проходить / пройти

1. Соседи часто _________ к нему поесть, попить или поиграть в карты. Многие соседи _________ только для того, чтобы посмотреть на Марью Гавриловну.
2. Вечером она сказала, что не хочет ужинать, потому что у нее болит голова, и _________ в свою комнату. Потом Маша со своей девушкой через сад _________ на улицу, где их ждали сани Владимира с тройкой лошадей. Была сильная метель, ветер дул навстречу, как будто хотел остановить молодую преступницу. Кучер помог девушкам сесть в сани, и они _________ в Жадрино.

3. А Владимир _________ на маленьких санях без кучера – он хорошо знал дорогу. До Жадрино было верст пять. Как только Владимир _________ из дома, началась сильная метель. Он ничего не видел вокруг. Он ______ -______ , а Жадрино все не было.

4. Он увидел какую-то деревню, _________ туда, постучал в окно дома и спросил, далеко ли до Жадрино. Ему сказали, что недалеко – верст десять. Когда он приехал в Жадрино, было уже утро, и церковь была закрыта. Он пошел к священнику.

5. Старики встали и _________ в гостиную. Маша тоже _________ из своей комнаты, скзала, что спала плохо.

6. Мать испугалась, что болезнь может вернуться, и никогда не говорила с дочерью о Владимире. Они _________ жить в другую деревню. Маша хранила все, что было связано с Владимиром.

7. Недалеко от деревни, где жила Маша, жил молодой полковник Бурмин. Он был легко ранен на войне. Бурмин _________ в свою деревню в отпуск.

8. В 1812 году Бурмин _________ на фронт. Однажды была сильная метель и он заблудился, не мог найти дорогу. Он увидел свет и _________ туда.

9. «Почему ты так поздно? – сказал кто-то. – Невеста в обмороке, священник не знает, что делать, мы уже хотели _________ назад. _________ скорее!»

10. Бурмин _________ в церковь, две или три свечи освещали церковь. Невеста сидела в темном углу. Старый священник _________ к Бурмину с вопросом: «Прикажете начинать?»

11. Бурмин повернулся и _________ из церкви.

5. Прочитайте окончание повести «Метель». Это текст Пушкина в оригинале.

— Боже мой! — закричала Марья Гавриловна, — и вы не знаете, что сделалось с бедной вашею женою?

— Не знаю, — отвечал Бурмин, — не знаю, как зовут деревню, где я венчался; не помню, с которой станции поехал. В то время я так мало полагал важности в преступной моей проказе, что, отъехав от церкви, заснул и проснулся на другой день поутру, на третьей уже станции. Слуга, бывший тогда со мною, умер в походе, так что я не имею и надежды отыскать ту, над которой подшутил я так жестоко и которая теперь так жестоко отомщена.

— Боже мой, боже мой! — сказала Марья Гавриловна, схватив его руку, — так это были вы! И вы не узнаете меня?

Бурмин побледнел... и бросился к ее ногам...

Урок 2

ВЫСТРЕЛ

ТЕКСТ

Наш армейский полк стоял в небольшом городе. Офицеры собирались друг у друга. Только один штатский человек бывал в нашей компании. Ему было около тридцати пяти лет, и мы считали его стариком. Была какая-то тайна в его жизни: он казался русским, но имя у него было иностранное. Он жил и бедно, и богато: ходил всегда пешком, но часто приглашал к себе офицеров, и шампанское там лилось рекой. Главное упражнение его было – стрельба из пистолета. Стрелял он очень хорошо.

Однажды человек десять офицеров обедали у Сильвио, пили очень много. После обеда мы стали уговаривать хозяина поиграть на карты. Он долго отказывался, но наконец согласился. Обычно Сильвио играл молча. Если кто-то ошибался, он исправлял ошибку и продолжал играть. В этот раз один молодой офицер, который первый раз обедал у Сильвио, стал спорить с ним о счёте и стирал то, что записал Сильвио. Сильвио молча несколько раз исправлял ошибку. Офицер потерял терпение, взял со стола что-то тяжёлое и бросил в хозяина. Сильвио сказал: «Уходите и благодарите бога, что это случилось у меня дома».

Все думали, что Сильвио вызовет офицера на дуэль, но он не сделал этого.

Сильвио получал почту в нашем полку. Однажды он получил конверт, открыл его с большим волнением, пробежал глазами письмо и сказал нам: «Я уезжаю сегодня ночью. Надеюсь, вы не откажетесь пообедать у меня».

Вечером мы все собрались у Сильвио. Мы с ним были друзьями, и после обеда он попросил меня остаться.

– Может быть, мы с вами больше никогда не увидимся, я хотел бы объяснить вам, почему я не вызвал на дуэль того пьяного офицера. У меня было право выбрать оружие, поэтому жизнь его была в моих руках, а моя почти безопасна. Но я не имею права рисковать. Шесть лет назад я получил пощёчину, и враг мой ещё жив.

Сильвио рассказал, что шесть лет назад он был офицером. В их полку офицеры много пили, там часто случались дуэли, на которых Сильвио был или свидетелем, или участником. Товарищи его любили.

И вот к ним в полк пришел молодой офицер из богатой семьи. Он был красивый, умный, смелый, и все сразу полюбили его. А Сильвио его ненавидел. Однажды на балу, где молодой офицер имел успех у женщин, Сильвио сказал ему на ухо какую-то грубость и получил в ответ пощёчину. На следующее утро была дуэль.

Сильвио стоял с тремя свидетелями и с нетерпением ждал противника. Наконец он появился. Он шёл, а в руке держал фуражку с черешнями. Сильвио должен был стрелять первым, но он дал первый выстрел своему противнику. Граф выстрелил и прострелил Сильвио фуражку, теперь была очередь Сильвио стрелять. Его противник стоял под пистолетом, выбирал из фуражки самые красные черешни, а косточки от черешен долетали до Сильвио. Злая мысль появилась в его голове.

– Вам, кажется, теперь не до смерти, вы завтракаете, мне не хочется вам мешать.

– Вы мне не мешаете, стреляйте. Но как хотите. Ваш выстрел останется за вами.

Они разошлись.

Прошло несколько лет. И наконец Сильвио получил письмо, в котором его друг сообщал, что противник хочет жениться.

– Вы понимаете, что сейчас я еду в Москву. Посмотрим, как он встретит смерть перед своей свадьбой. Так же равнодушно, как когда-то ждал её за черешнями?

И Сильвио уехал, больше мы ничего не знали о нем.

Прошло несколько лет, я оставил службу, поселился в небольшой бедной деревне и жил совсем один. Недалеко от деревни был дом богатой графини, но она приезжала туда редко. Рассказывали, что четыре года назад, когда графиня вышла замуж, она прожила там месяц и с тех пор не приезжала. И вот во второй год моей жизни в деревне граф с графиней приехали на лето в свою деревню. Я сразу же поехали познакомиться с ними. Мои новые соседи были очень симпатичные. Сначала я чувствовал себя неловко в роскошном кабинете и стал осматривать картины. Одна картина привлекла моё внимание – она была прострелена двумя пулями одна на другую.

– Вот хороший выстрел, – сказал я.

– Да, – ответил хозяин, – выстрел замечательный.

И начался разговор о стрельбе. Граф сказал, что раньше он стрелял неплохо, но уже четыре года не брал в руки пистолета. Я сказал, что стрельба требует ежедневных упражнений и лучший стрелок, которого я знал, стрелял каждый день.

– Сильвио мог из пистолета убить муху, – сказал я.

– Вы знали Сильвио? – удивился граф и сказал, что эту картину прострелил Сильвио. Граф рассказал о второй части дуэли.

Они с женой проводили медовый месяц в деревне. Они гуляли и возвращались домой. Жена устала и отдала ему свою лошадь, а сама пошла пешком. Когда он вошёл в кабинет, в углу он увидел человека, которого сначала не узнал. Это был Сильвио. «Мой выстрел за мной», – сказал Сильвио и достал пистолет. Граф просил его стрелять быстрее. Но Сильвио сказал, что не может стрелять в безоружного, и предложил ещё раз бросить жребий, кто будет стрелять первый. Граф сначала отказывался, но потом согласился. По жребию граф опять стрелял первый, но не попал – только прострелил картину. Теперь Сильвио прицелился.

Вошла Маша и не могла понять, что происходит. Граф попросил её уйти и сказал, что они шутят. Маша не верила. «Скажите, правду ли говорит муж?» – обратилась она к Сильвио. «Мы с ним любим шутить, он всегда шутит, графиня, – ответил ей Сильвио, – однажды он дал мне шутя пощёчину, шутя прострелил вот эту фуражку, только что в шутку стрелял в меня. Теперь мне хочется пошутить». С этими словами он прицелился в графа... при жене. Маша бросилась к его ногам.

– Встань, Маша, стыдно, – закричал граф. – Вы будете стрелять или нет?

– Не буду, – ответил Сильвио, – я доволен. Я видел твою робость. Я заставил тебя стрелять. Будешь меня помнить!

Он пошёл к двери, остановился, посмотрел на картину, которую прострелил граф, выстрелил почти не целясь и ушёл. Жена графа лежала в обмороке.

Так я узнал конец истории. С героем я больше не встречался.

ЛЕКСИКА

полк
штатский
уговаривать / уговорить
отказываться / отказаться *от чего* или + *инф.*
исправлять / исправить
спорить / поспорить *с кем*
стирать / стереть
терпение
благодарить / поблагодарить *кого, за что*
волнение
пощёчина
смелый
успех
грубость
противник
появляться / появиться
фуражка
черешня
мысль
свадьба
равнодушно
селиться / поселиться
с тех пор
неловко
привлекать / привлечь
пуля
требовать / потребовать
муха
медовый месяц
доставать / достать
стыдно
робость

АКТИВНАЯ ЛЕКСИКА

1.

роскошный, роскошь
выстрел, стрелять / выстрелить, стрельба, стрелок, стрела, застрелить, прострелить
прицеливаться / прицелиться, цель
оружие, безоружный
щека, пощёчина
шутить / пошутить, шутка, шутя
жребий, бросать жребий, жребий брошен

2.

богатый ≠ бедный
богато ≠ бедно
друг ≠ враг
любить ≠ ненавидеть
отказываться / отказаться ≠ соглашаться / согласиться

КОММЕНТАРИИ

1. *кому* не до *чего-кого* 구문

"~을 할 흥미, 의지, 시간이 없다" (нет желания или времени делать что-то), "~에게 신경을 쓸 여력이 없다" (нет возможности заниматься кем-л.) 라는 뜻을 가진다.

Вам, кажется, теперь не до смерти.
Мне сейчас не до шуток.
Им было не до разговоров, нужно быстрее заканчивать работу.
Мне хотелось бы услышать твоё мнение, но я вижу, что тебе не до меня.

2. мы с ним 구문

여기서 мы는 я와 같은 뜻이다. (мы с ним = я с ним) "우리와 그" 가 아니라, "나와 그" 를 의미한다.

Мы с Сильвио были друзьями, и после обеда он попросил меня остаться.
Может быть, *мы с вами* больше никогда не увидимся.
Они с женой гуляли и возвращались домой.
Мы с ним любим шутить.

ЗАДАНИЕ

1. Вставьте глагол.

Оставаться / Остаться
Оставлять / Оставить

1. Все уехали, только старший брат __________ дома.
2. Милый дедушка! Только ты у меня один __________ .
3. Я этого так не __________ .
4. После обеда он попросил меня __________ .
5. Я __________ службу и жил в деревне совсем один.

2. Заполните таблицу.

Точно	Неточно		
	Порядок слов	около + *чего*	почти, приблизительно + *что*
два года	года два	около двух лет	почти два года
пять лет			
три часа			
десять человек			
пятнадцать километров			

3. Выберите правильно вид глагол.

1. После обеда мы стали (уговаривать / уговорить) хозяина (играть / поиграть) в карты.
2. Он долго (отказывался / отказался), но наконец (соглашался / согласился).
3. Обычно если кто то (ошибался / ошибся), он (исправлял / исправил) ошибку и (продолжал / продолжил) играть.
4. В этот раз один молодой офицер стал (спорить / поспорить) с ним, Сильвио молча несколько раз (исправлял / исправил) ошибку. Офицер (терял / потерял) терпение, (брал / взял) со стола что-то тяжёлое и (бросал / бросил) в хозяина.
5. Все (думали / подумали), что Сильвио вызовет офицера на дуэль, но он не (делал / сделал) этого.
6. Сильвио (получал /получил) почту в нашем полку. Однажды он (получал / получил) конверт, (открывал / открыл) его с большим волнением и (говорил / сказал) нам, что он уезжает.

4. Вставьте словосочетание *три свидетеля.*

1. ______ __________ согласились участвовать в дуэли.
2. Он стоял с ______ __________ и ждал противника.
3. Сильвио согласил ______ __________ участвовать в дуэли.
4. Противник подошёл к ______ __________ .
5. Граф пришёл без ______ __________ .
6. В рассказе писатель говорит о ______ __________ .

5. Выберите подходящий глагол.

1. Недалеко от деревни был дом богатого графа, но он (приезжал / приехал) туда редко.
2. Рассказывали, что четыре года назад он прожил там месяц с молодой женой и с тех пор не (приезжал / приехал).
3. И вот во второй год моей жизни в деревне граф с графиней (приезжали / приехали) на лето в свою деревню.

КУЛЬТУРА

Фуражка는 군인들이 쓰는 챙 달린 정식군모, 정모(正帽)를 말한다. 현대의 개념으로 정모는 정복에 갖추어 쓰는 모자이다. 하지만 전투복이 개발되기 전인 19세기에 당시의 군인들은 요즈음의 정복과 정모를 쓰고 전쟁을 치렀다.

Урок 3

ГРОБОВЩИК

ТЕКСТ

Гробовщик Адриан Прохоров переезжал с Басманной на Никитскую. Он запер дверь, повесил объявление о том, что дом продаётся, и пешком отправился на новое место. Подходя к жёлтому домику, о котором он так давно мечтал, гробовщик чувствовал с удивлением, что сердце его не радовалось. Он вошёл в свой новый дом, стал ругать дочерей и работницу за медлительность и сам стал им помогать.

Вскоре в доме был порядок: шкаф с посудой, стол, диван и кровать заняли свои места. В кухне и гостиной поместились изделия хозяина: гробы всех цветов и размеров, а также шкафы с траурными шляпами. Надо дверью повесили объявление «Здесь продаются гробы простые и крашеные, также даются напрокат и ремонтируются старые». Девушки ушли в свою комнату. Адриан обошёл свой новый дом, сел у окошка и приказал готовить самовар.

Читатель знает, что Шекспир и Вальтер Скотт тоже показали гробовщиков, но они весёлые и шутливые люди. Из уважения к истине мы не можем следовать их примеру и должны признать, что характер нашего гробовщика абсолютно соответствовал его мрачному делу. Адриан Прохоров обычно был молчалив и задумчив. Он начинал говорить только для того, чтобы поругать своих дочерей, когда они без дела смотрели в окно, или чтобы просить за свои произведения слишком высокую цену у тех, кто имел несчастье (а иногда и удовольствие) в них нуждаться.

Итак, Адриан сидел у окна и пил седьмую чашку чая. Как обычно, он был задумчив – он думал о сильном дожде, который было во время похорон бригадира неделю назад. После этого дождя многие траурные платья сели, траурные шляпы потеряли форму. Он думал о том, как много надо купить. Он надеялся компенсировать убытки на старой Трюхиной, которая уже около года была при смерти. Но Трюхина умирала на Разгуляе, и Прохоров боялся, что её наследники, несмотря на своё обещание, не пошлют за ним, а договорятся с ближайшим гробовщиком.

В дверь постучали. «Кто там?» – спросил гробовщик. Дверь открылась, и человек, в котором с первого взгляда можно было узнать немца, вошёл в комнату и с весёлым видом приблизился к гробовщику. «Извините, дорогой сосед, – сказал он тем русским языком, который мы без смеха слышать не можем, – извините, что я вам помешал... я желал поскорее с вами познакомиться. Я сапожник. Моё имя Готлиб Шульц, я живу недалеко от вас – в домике напротив ваших окон. Завтра праздную мою серебряную свадьбу, и я прошу вас и ваших дочек пообедать у меня». Приглашение было принято. Гробовщик предложил сапожнику сесть и выпить чашку чая, и они разговорились. «Как торгуете?» – спросил Адриан. «По-разному. Пожаловаться не могу. Хотя, конечно, мой товар не то, что ваш: живой без сапог может обойтись, а мёртвый без гроба не живёт». – «Это правда, – заметил Адриан, – но если живому не на что купить сапоги, от он ходит босой, а нищий мертвец бесплатно берёт себе гроб». Таким образом беседа продолжалась у них ещё некоторое время, наконец сапожник встал, попрощался с гробовщиком, повторил своё приглашение и ушёл.

На следующий день ровно в 12 часов гробовщик и его дочери вышли из нового дома и отправились к соседу.

В маленькой квартирке сапожника было много гостей – большинство были немцы. Из русских был только охранник Юрко. Его знали все немцы, живущие около Никитских ворот. Адриан сразу познакомился с Юрко, а когда гости пошли за стол, от они сели вместе. Господин и госпожа Шульц и их дочка, семнадцатилетняя Лотхен, обедая с гостями, помогали работнице обслуживать стол. Пиво лилось. Юрко ел за четверых. Адриан тоже. Разговор на немецком языке становился всё шумнее. Вдруг хозяин попросил внимания и, открывая бутылку, громко сказал по-русски: «За здоровье моей доброй Луизы!» Хозяин нежно поцеловал свежее лицо сорокалетней своей подруги, и гости шумно выпили за здоровье доброй Луизы. «За здоровье дорогих гостей моих!» – сказал хозяин, открывая вторую бутылку. Гости пили и благодарили его. Тут начались тосты один за другим. Пили за здоровье каждого гостя, пили за здоровье Москвы и целой дюжины немецких городов. Адриан пил много и так развеселился, что сам предложил какой-то шутливый тост. Вдруг один из гостей, толстый булочник, поднял рюмку и воскликнул: «За здоровье тех, на кого мы работаем, за здоровье наших клиентов!» Предложение, как и все, было принято радостно и единодушно. Гости начали друг с другом чокаться, а Юрко закричал своему соседу: «Что же? Пей за здоровье своих мертвецов!» Все засмеялись, а гробовщик обиделся и нахмурился. Никто этого не заметил, гости продолжали пить.

Гости разошлись поздно, все были навеселе. Гробовщик пришёл домой пьяный и сердитый. «Что же это, в самом деле, – говорил он работнице, – разве моё дело хуже других? Разве гробовщик брат палачу? Почему смеются немцы? Хотелось бы мне позвать их на новоселье, но нет, не позову! А позову тех, на кого я работаю: мертвецов православных!»

«Что ты! – сказала работница, – что ты говоришь! Звать мёртвых на новоселье?»

«Точно позову, – продолжал Адриан, – и на завтрашний день. Пожалуйста, мои дорогие, завтра вечером приходите ко мне дорогие, завтра вечером приходите ко мне в гости, угощу чем бог послал». С этими словами гробовщик отправился спать и вскоре захрапел.

Было ещё темно, когда Адриана разбудили. Трюхина скончалась в эту самую ночь, человек прискакал к Адриану с этим известием. Гробовщик дал ему 10 копеек на водку, быстро оделся и отправился к Трюхиным. Покойница лежала на столе, жёлтая как воск. Родственники, домашние и соседи стояли вокруг. Адриан подошёл к племяннику, сказал, что он быстро привезёт гроб, свечи и всё, что надо. Наследник поблагодарил его, сказал, что о цене он не торгуется. Гробовщик обещал, что много не возьмёт, и уехал. Целый день он ездил с Разгуляя к Никитским воротам и обратно. К вечеру всё организовал и пошёл домой пешком. Ночь была лунная. Гробовщик дошёл до Никитских ворот. Около церкви Вознесения встретил Юрко, тот узнал гробовщика и пожелал ему спокойной ночи. Было поздно. Гробовщик подходил уже к своему дому, как вдруг показалось ему, что кто-то подошёл к его двери, открыл дверь и вошёл в дом. «Что это значит? – подумал Адриан, – кто это? Не вор ли это? Не ходят ли любовники к моим дурам?» в эту минуту кто-то ещё подошёл к двери и собирался войти, но, увидев хозяина, остановился и снял шляпу. Адриан его лицо показалось знакомо, но он не успел его разглядеть.

– Вы пришли ко мне, входите, пожалуйста!

– Сам иди вперёд, показывай гостям дорогу.

Дверь была открыта, он пошёл на лестницу, гость за ни м. Адриану показалось, что по комнатам ещё ходят люди. Адриан увидел, что по дому ходили … мертвецы! Луна сквозь окна свещала их жёлтые и синие лица, полузакрытые глаза. о Адриан с ужасом узнал в них людей, которых он когда-то помогал похоронить. Он узнал и гостя, который входил вместе с ним в дом: это был бригадир, похороненный во время сильного дождя. Все они, дамы и мужчины, окружили гробовщика. Только один бедняк, которого недавно похоронили бесплатно, стоял в стороне, как будто ему было стыдно. Все, кроме бедняка, были хорошо одеты.

– Видишь, – говорил бригадир от имени всей компании, – все мы поднялись на твоё приглашение. Остались дома только те, кто уже не может встать или у кого остались только кости без кожи. Но один такой пришёл – так хотелось ему побывать у тебя… В это время маленький скелет прошёл сквозь толпу и приблизился к Адриану. Его череп улыбался Адриану. «Ты не узнал меня, Прохоров, – сказал скелет, – Помнишь ли Петра Курилкина, которому в 1799 году ты продал свой первый гроб, ты продал гроб как дубовый, но это был не дубовый гроб». С этими словами мертвец приблизился к Адриану и хотел уже обнять его, но Адриан закричал и ударил его. Пётр упал и рассыпался. Мертвецы зашумели, стали защищать своего товарища, Адриан упал на кости Петра Курилкина и потерял сознание.

Солнце давно освещало постель, на которой лежал гробовщик. Наконец он открыл глаза и увидел перед собой работницу. С ужасом вспомнил Адриан всё, что произошло вчера. Трюхина, бригадир, Пётр Курилкин. Он молча ждал, что работница сама начнёт с ним разговор о ночных приключениях.

– Как ты долго спал, Адриан Прохорович! – сказал она, подавая ему халат. – К тебе приходил сосед, но ты спал, и мы не хотели тебя будить.

– А приходили ко мне от покойницы Трюхиной?

– Покойницы? Да разве она умер.

– Дура! Да ты же помогала мне вчера организовать её похороны!

– Что ты, с ума сошёл? Какие были вчера похороны? Ты целый день пил у немца, вернулся пьяный, лёг и спал до сих пор, а уж время обедать.

– Правда? – обрадовался гробовщик. – Ну, если так, давай скорее чай и позови дочерей.

ЛЕКСИКА

запирать / запереть
запру, запрёшь, запрут; запер, заперла, заперли
ругать / поругать *кого, за что*
вскоре
посуда
изделие
траурный
следовать / последовать *чему, за кем*
признавать / признать
соответствовать *чему*
мрачный
нуждаться *в чём, в ком*
садиться / сесть
убытки
наследник
несмотря *на что*
ближайший
стучать
приближаться / приблизиться *к кому, к чему*
смех
напротив *чего*
праздновать
обходиться / обойтись *без чего*
босой, босиком

бесплатно
отправляться / отправиться
охранник
обслуживать
нежный
свежий
дюжина
хмуриться / нахмуриться
сердитый
православный
храпеть / захрапеть
скончаться
воск
торговаться
обещать / пообещать
дура, дурак
шляпа
сквозь
окружать / окружить
кость
кожа
череп
обнимать / обнять
защищать / защитить
приключение
сойти с ума

АКТИВНАЯ ЛЕКСИКА

1.

уважение ← уважать
обещание ← обещать
приглашение ← приглашать / пригласить
предложение ← предлагать / предложить
смех ← смеяться
похороны ← хоронить / похоронить

2.

домик ← дом
квартирка ← квартира
окошко ← окно

3.

умирать / умереть
смерть
гроб
покойник, покойница
мёртвый
мертвец
похороны

4.

крашеный, красить / покрасить
дать напрокат ≠ взять напрокат

1. Вставьте словосочетание *новый сосед, новые соседи.*

1. Немец пришёл к ________ _________. Немец пришёл к ________ _________
2. Он долго разговаривал с ________ _________. Он долго разговаривал с ________ _________ .
3. У ________ _________ было двое дочери. У ________ _________ было двое дочери.
4. Все говорили о ________ _________. Все говорили о ________ _________.
5. Охранники встретили ________ _________. Охранники встретили ________ _________.

2. Прочитайте фразы из текста, определите падежи выделенных слов.

1. Гробовщик подходил уже к своему новому дому, как вдруг показалось *ему*, что кто-то подошёл к его двери.
2. *Его лицо* показалось *Адриану знакомым*.
3. *Адриану* показалось, что по комнате ещё ходят люди.

3. Передайте значение предложение по-другому, употребите глагол *казаться / показаться*.

Я думаю, что он умный человек. >
Он кажется мне умным человек.
Мне кажется, что он умный человек.

1. Она подумала, что у него красивое лицо.
2. Он подумал, что это женский почерк.
3. Мы решили, что это глупые шутки.
4. Сестра сказала, что это интересный фильм.
5. Я думаю, что она странная девушка.

4. Прочитайте, объясните употребление глаголов движения.

1. Он **вошёл** в свой новый дом, стал ругать дочерей и работницу за медлительность и сам стал им помогать.
2. Девушка **ушли** в свою комнату. Адриан обошёл свой новый дом, сел у окошка и приказал готовить самовар.
3. Дверь открылась, и человек, в котором с первого взгляда можно было узнать нсмца, **вошёл** в комнату и с весёлым видом приблизился к гробовщику.
4. Если живому не на что купить сапоги, то он **ходит** босой.
5. На другой день ровно в 12 часов гробовщик и его дочери **вышли** из нового дома и отправились к соседу.
6. Гости **разошлись** поздно, все были навеселе. Гробовщик пришёл **домой** пьяный и сердитый.
7. Пожалуйста, мои дорогие, завтра вечером **приходите** ко мне в гости.
8. Адриан **подошёл** к племяннику Трюхиной, сказал, что он быстро привезёт гроб.
9. Гробовщик обещал, что много не возьмёт, и **уехал**.
10. Целый день он **ездил** с Разгуляя к Никитским воротам и

обратно.

11. К вечеру всё организовал и **пошёл** домой пешком.

12. Гробовщик **дошёл** до Никитских ворот.

13. Гробовщик **подходил** уже к своему дому, как вдруг показалось ему, что кто-то подошёл к его двери, открыл дверь и вошёл в дом.

14. «Не **ходят** ли любовники к моим дурам?»

15. В эту минуту кто-то ещё **подошёл** к двери и собирался **войти**, но, увидев хозяина, остановился и снял шляпу.

16. – Вы пришли ко мне, входите, пожалуйста!
   – Сам **иди** вперёд, показывай гостям дорогу.

17. Дверь была открыта, он **пошёл** на лестницу, гость за ним.

18. Адриану показалось, что по комнатам ещё **ходят** люди.

19. Адриан увидел, что по дому **ходили** мертвецы.

20. Он узнал и гостя, который **входил** вместе с ним в дом.

21. Но один скелет **пришёл** – так хотелось ему побывать у тебя... В это время маленький скелет **прошёл** сквозь толпу и приблизился к Адриану.

22. – К тебе **проходил** сосед, но ты спал, и мы не хотели тебя будить.
   – А **приходили** ко мне от покойницы Трюхиной?

5. Прочитайте фразы и переведите на корейский язык.

ЗА + **ЧТО** *куда*
ЗА + **ЧЕМ** *где*

1. Простите за это письмо, но я не могу больше молчать.
2. Однажды за обедом он посмотрел на Зиночку и сказал, что он всё видел.
3. Хозяин побил меня за то, что я заснул.
4. Дедушка! Приезжай за мной.
5. Ванька купил конверт за копейку.
6. Через рыночную площадь идёт начальник полиции, а за ним полицейский.
7. Из магазина выбегает собака, за ней бежит человек.
8. Собака укусила ювелира за палец.
9. Мать не хотела, чтобы Маша вышла замуж за Владимира.
10. Адриан ругал дочерей и работницу за медлительность.
11. Он просил слишком высокую цену за гробы.
12. Он боялся, что наследники не пойдут за ним, а договорятся с ближайшим гробовщиком.
13. Юрко ел за четвертых.
14. Выпили за здоровье доброй Луизы.
15. Тосты начались один за другим.
16. Пей за здоровье своих мертвецов.
17. Дверь была открыта, он пошёл на лестницу, гость за ним.

Урок 4

СТАНЦИОННЫЙ СМОТРИТЕЛЬ

ТЕКСТ

Трудная работа у станционного смотрителя. Все проезжающие ругают его. Нет покоя ни днём, ни ночью. Погода плохая, дорога ужасная, лошади не везут, а виноват смотритель. Входя в бедное его жилище, проезжающий смотрит на его, как врага. Хорошо, если смотритель быстро сможет избавится от своего непрошеного гостя, а если нет лошадей!? В дождь и холод, в бурю и в мороз выходит он во двор, чтобы хотя бы минуту отдохнуть от крика. Приезжает генерал, дрожащий смотритель отдаёт ему две последние тройки, в том числе курьерскую. Генерал едет, не сказав ему спасибо. Через пять минут – колокольчик, и курьер бросает ему на стол свою подорожную. В течение двадцати лет я часто ездил по России по всем направлениям, почти всех смотрителей я знаю в лицо. Я пишу дневник и надеюсь его издать, пока только скажу, что существует неправильное общественное мнение о станционных смотрителях. На самом деле они мирные, скромные и общительные люди. Господа проезжающие не любят слушать их разговоры, хотя из их разговоров можно узнать много интересного.

Легко можно догадаться, что у меня есть друзья среди смотрителей. В самом деле, воспоминания об одном из них мне драгоценны. Когда-то обстоятельства сблизили нас, о нём я хочу побеседовать с моими дорогими читателями.

В 1816 году, в мае, я ехал по дороге, который уже нет. Я был молод и был в мелком чине. Тогда я сердился на смотрителя, когда он отдавал приготовленную для меня тройку какому-нибудь богатому человеку. Так же долго не мог я привыкнуть к тому, что лакей с блюдом проходил мимо меня тройку какому-нибудь богатому человеку. Так же долго не мог я привыкнуть к тому, что лакей с блюдом проходил мимо меня на губернаторском обеде. Теперь и то и другое кажется мне нормальным. В самом деле, что было бы с нами, если бы вместо общего правила «чин чина почитай», мы употребляли бы другое, например, «ум ума почитай»! Какие начинали бы подавать блюда!? Но возвращаюсь к моей повести.

День был жаркий. Сначала пошёл мелкий дождь, а через минуту начался проливной дождь. Когда я приехал на стан цию, первая забота была поскорее переодеться, вторая – п опросить чай. «Эй, Дуня! – закричал смотритель, - поставь самовар и сходи за сливками». При этих словах в комнату вошла девочка, ей было лет четырнадцать. Красота её мен я поразила. «Это твоя дочка? » - спросил я смотрителя. «Д очка, - ответил он с гордостью, - и такая умная, быстрая, похожа на покойницу мать». Он сел за стол и начал переп исывать мою подорожную, а я стал рассматривать картинк и, висевшие на стене. Они рассказывали историю блудног о сына. На первой картине старик отпускает беспокойного сына, который берёт мешок с деньгами. На второй картинк е показано развратное поведение сына – он сидит за столо м, вокруг него ложные друзья и развратные женщины. Дал ьше на картинке показано жизнь сына, когда у него кончи лись деньги – он пасёт свиней и ест вместе с ними. На его лице раскаяние. И наконец показано возвращение к от цу: добрый старик выбегает ему навстречу, блудный сын стоит на коленях, а старший брат спрашивает слугу, почету отец так рад. Под каждой картинкой немецкие стихи. Всё это сохранилось в моей памяти.

Дуня вернулась с самоваром. Маленькая кокетка с первого взгляда заметила, какое впечатление она произвела на меня, и опустила большие голубые глаза. Я стал с ней разговаривать, она отвечала смело, как девушка, видевшая свет. Я предложил отцу стакан вина, а Дуне чашка чая, и мы сели и начали беседовать, как будто век были знакомы.

Лошади были давно готовы, в мне не хотелось расставаться со смотрителем и его дочкой. Наконец, я с ними попрощался, отец пожелал мне счастливого пути, а Дуня пошла провожать меня до коляски. В коридоре я остановился и попросил у неё разрешения её поцеловать. Дуня согласилась. Много я могу насчитать поцелуев с тех пор, как этим занимаюсь, но ни один не оставил во мне такого долгого, такого приятного воспоминания.

Прошло несколько лет, и я снова был в тех же местах, на той же дороге. Я вспомнил дочь старого смотрителя и обрадовался при мысли, что увижу её снова. Но, может быть, старый смотритель уже не работает там, Дуня, может быть, замужем. Мысль о смерти того или другого тоже пришла мне в голову, и я приближался к станции с печальным предчувствием.

Лошади остановились у почтового домика. Я вошёл в дом и узнал картинки, рассказывающие историю блудного сына; стол и кровать стояли на старых местах, но на окнах уже не было цветов. Смотритель спал, мой приезд разбудил его, он привстал. Это был точно Самсон Вырин, но как он постарел! Пока он переписывал мою подорожную, я смотрел на его седые волосы, на глубокие морщины, на сгорбленную спину и не мог понять, как три или четыре года могли превратить здорового мужчину в старика. «Ты узнал меня? – спросил я его. – Мы с тобою старые знакомые». – «Может быть, – ответил он грустно, – здесь дорога большая, много проезжих у меня бывало». – «Здорова ли твоя Дуня?» – продолжал я. Старик нахмурился. – «А бог её знает», – ответил он. «Наверное, она замужем?» – сказал я. Старик притворился, как будто не слышал моего вопроса, и продолжал шёпотом читать мою подорожную. Я прекратил свои вопросы и велел поставить чайник. Любопытство меня начинало беспокоить, и я надеялся, что вино развяжет язык моему старому знакомому.

Я не ошибся: старик не отказался от вина. После второго стакана стал он разговорчивым: вспомнил или сделал вид, будто бы вспомнил меня, и я узнал от него историю, которая в то время очень тронула меня.

«Так вы знали мою Дуню? – начал он. – Кто же и не знал её? Ах Дуня, Дуня! Какая девка была! Все её хвалили. Барыни дарили ей платочки, серёжки. Господа специально останавливались, как будто пообедать или поужинать, а на самом деле только для того, чтобы на неё подальше посмотреть. Даже сердитый барин при ней утихал и со мной приветливо разговаривал. Поверите ли: курьеры, генералы с ней по часу разговаривали. Весь дом был на ней – и готовила и убирала, все радовался, всё успевала. А я, старый дурак, всё радовался. Я ли не любил мою Дуню, неужели она плохо жила со мной!» И он стал подробно рассказывать мне своё горе.

Три года назад, однажды, в зимний вечер, когда смотритель писал что-то, а дочь его за стеной шила себе платье, подъехала тройка, и проезжий в военной шинели вошёл в комнату, требуя лошадей. Лошадей не было. При этом известии проезжий повысил голос, но Дуня привыкла к таким сценам, сразу прибежала и спросила ласково, хочет ли он что-нибудь покушать. Проезжий успокоился, согласился ждать и заказал себе ужин. Он снял шапку и шинель и оказался молодым стройным гусаром. Они ужинали, гусар вежливо разговаривал со смотрителем и с его дочерью. Лошади пришли, и смотритель пошёл готовить их для гусара. Когда смотритель вернулся, молодой человек лежал почти без памяти, ему стало плохо, голова разболелась, невозможно было ехать. Как быть? Смотритель отдал ему свою кровать, решено было, если больному не будет легче, на другой день послать за вечером.

На другой день гусару стало хуже. Его человек поехал в город за вечером, а Дуня села со своим шитьём около его кровати. Больной при смотрителе охал и не говорил почти ни слова, однако же выпил две чашки кофе и заказал себе обед. Дуня от него не отходила. К обеду приехал врач, он осмотрел больного, проверил пульс, поговорил с ним по-немецки и по-русски объяснил, что ему нужно одно спокойствие и что дня через два ему можно будет отправиться в дорогу. Гусар Дао ему двадцать пять рублей за визит, пригласил его пообедать, доктор согласился, оба ели с большим аппетитом, выпили бутылку вина и расстались очень довольны друг другом.

Прошёл ещё день, и гусар совсем поправился, он был весел, всё время шутил то с Дуней, то со смотрителем, насвистывал песни, разговаривал с проезжими, вписывал их подорожные в книгу. Смотритель как полюбил его, что на третье утро ждал было расставаться с новым знакомым. День был воскресный, Дуня собиралась в церковь, гусар попрощался со смотрителем, хорошо заплатил ему, попрощался с Дуней и предложил довести её до церкви, которая находилась на краю деревни. Дуня стояла, не знала, что делать «Чего же ты боишься? – сказал отец, – господин не волк, тебя не съест. Поезжай до церкви». Дуня села около гусара, кучер свистнул, и лошади поскакали.

Бедный смотритель не понимал, как мог он сам разрешить своей Дуне ехать вместе с гусаром. Не прошло и полчаса, как сердце его стало болеть, он так забеспокоился, что не мог терпеть и пошёл сам в церковь. Подходя к церкви, он увидел, что люди уже расходились, но Дуне не было среди них. Он побежал в церковь, священник уже выходил, две старушки ещё молились в углу, но Дуни в церкви не было. Бедный отец решил спросить священника, была ли она на службе. Священник сказал, что не была. Смотритель пошёл домой ни жив, ни мёртв. Одна оставалась у него надежда: Дуня решила, может быть, поехать до следующей станции, где жила её крёстная мать. Он ждал, когда вернётся тройка, на которой он отпустил её. Наконец к вечеру вернулся кучер один и пьяный со страшным известие: «Дуня с той станции отправилась дальше с гусаром».

Старик не перенёс своего несчастья. Он лёг в ту самую постель, где накануне лежал молодой обманщик. Теперь смотритель догадывался, что болезнь гусара была не настоящая. Старик болел тяжело, его отвезли в город, а на его месте временно работал другой человек. Тот же врач, который приезжал к гусару, лечил и старика. Он рассказал смотрителю, что молодой человек был совершенно здоров и что тогда ещё догадывался он обо всём, но молчал, боялся гусара. Правду ли говорил немец, или только хотел похвастаться дальновидностью, но он не успокоил бедного больного. Как только смотритель поправился немного, он попросил отпуск на два месяца и, не сказав никакому ни слова, пешком отправился за своей дочерью. Из подорожной он знал, что Минский ехал из Смоленска в Петербург. Человек, который вёз его, говорил, что всю дорогу Дуня плакала, хотя, казалось, ехала добровольно. Смотритель приехал в Петербург, остановился в доме своего друга – офицера, с которым они когда-то вместе служили, и начал искать Дуню. Скоро узнал он адрес Минского в Петербурге и решил к нему пойти.

Он пришёл рано утром и попросил сказать Минскому, что старый солдат хочет с ним увидеться. Военный лакей чистил сапоги, он сказа, что офицер спит и раньше одиннадцати часов никого не принимает. Смотритель ушёл и вернулся в одиннадцать. Минский вышел к нему в халате. «Что, брат, тебе надо,» - спросил он его. Сердце старика заболело, слёзы появились на глазах, и он дрожащим голосом принёс только: «Сделайте такую божескую милость...» Минский посмотрел на него, покраснел, взял его за руку, повёл в кабинет и закрыл за собой дверь.

– Отдай мне бедную мою Дуню!

– Что сделано, того не вернёшь. Я виноват перед тобою и рад просить у тебя прощения. Но не думай, что я Дуню могу оставить. Она будет счастлива. Даю тебе честное слово. Зачем она тебе? Она меня любит. Она отвыкла от прежней жизни. Ни ты, ни она – вы не забудете того, что случилось.

Потом Минский положил ему что-то за рукав, открыл дверь, и смотритель сам не понял, как неподвижно, наконец увидел за рукавом бумаги, открыл – несколько десятирублёвок. Слёзы опять появились на глазах. Он бросил бумажки на землю и пошёл. Потом остановился, подумал и вернулся, но бумажек уже не было. Хорошо одетый молодой человек увидел смотрителя и побежал. Смотритель не побежал за ним. Он решил отправиться на свою станцию, но сначала хотел увидеть бедную свою Дуню. Для этого через два дня вернулся он к Минскому, но военный лакей сказал, что офицер никого не принимает, и закрыл дверь прямо перед носом старика. Смотритель постоял, постоял – и пошёл.

В этот самый день шёл он по Литейной улице. Вдруг проехала мимо коляска, и смотритель узнал Минского. Коляска остановилась перед трёхэтажным домом, и гусар вбежал в дом. Счастливая мысль появилась в голове смотрителя. Он подошёл к кучеру.

– Чья, брат, лошадь? – спросил он, – Не Минского ли?

– Точно так, – ответил кучер, – а что тебе?

– Да вот что: хозяин твой приказал мне отнести его Дуне

записочку, а я забыл, где его Дуня живёт.

– Да вот здесь, на втором этаже.

Опоздал ты, брат, с твоей запиской; теперь уже он сам у неё.

– Спасибо, а я своё дело должен сделать, – сказал смотритель и пошёл по лестнице.

Двери были закрыты, он позвонил, прошло несколько секунд в ожидании. Наконец ключ загремел, и дверь открылась.

– Здесь живёт Авдотья Самсоновна?

– Здесь, – ответила молодая девушка, – зачем она тебе нужна?

Смотритель, не отвечая, вошёл в зал.

– Нельзя, нельзя, – закричала ему девушка, – у неё гости.

Но смотритель, не слушая, шёл дальше. Две первые комнаты были темны, в третьей был огонь. Он подошёл к открытой двери и остановился.

Минский сидел в кресле. Дуня, богато одетая, сидела на ручке его кресла. Она нежно смотрела на Минского. Бедный смотритель! Никогда дочь его не казалась ему такой прекрасной. Он любовался ею. «Кто там?» – спросила она, не поднимая головы. Он всё молчал. Не получив ответа, Дуня подняла голову и с криком упала на ковёр. Минский начал её поднимать и вдруг, увидев в дверях старика, оставил Дуню и подошёл к нему. «Чего тебе надо? – сказал он ему, – что ты за мной ходишь, как бандит, или хочешь меня зарезать? Пошёл вон!»

Старик ушёл. Через два дня отправился он на свою станцию и опять начал работать. «Вот уже третий год живу я без Дуни и не знаю о ней ничего. Жива она или нет – не знаю. Не её первую, не её последнюю увёз проезжий офицер, а потом бросил. Много в Петербурге молоденьких дур, которые сегодня в дорогой одежде, а завтра убирают улицу. Как представлю, что, может быть, и моя Дуня тоже пропадает, то думаю, что лучше бы умерла».

Старик рассказывал мне эту историю и плакал. Его слёзы тронули моё сердце. Я расстался с ним и долго не мог забыть старого смотрителя. Долго думал я о бедной Дуне...

Недавно был я в этих местах. Я узнал, что уже нет станции, на которой он работал. На вопрос мой: «Жив ли старый смотритель?» никто не мог мне ответить. Я решил поехать туда, взял лошадей и отправился в ту деревню.

Была осень, тучи закрывали небо, холодный ветер дул и нёс красные и жёлтые листья. В коридор (где когда-то поцеловал меня бедная Дуня) вышла толстая баба и на вопросы мои ответила, что старый смотритель год назад умер, что в его доме живёт сейчас пивовар и что она жена пивовара. Я пожалел, что поехал, потерял время, да ещё и семь рублей потратил на дорогу. «Отчего же он умер?» – спросил я жену пивовара. «Пил много», – ответила она. «А где его похоронили?» – «За деревней, около покойной жены его». – «Нельзя ли довести меня до его могилы?» – «Почему же нельзя? Эй, Ванька! Хватит с кошкой играть, проводи барина на кладбище и покажи ему могилу смотрителя».

При этих словах ражий мальчик выбежал ко мне и повёл меня за деревню.

– Знал ты покойника? – спросил я.

– Конечно, знал. Он научил меня дудочки делать.

– А проезжие вспоминают его?

– Сейчас мало проезжих. А летом приезжала барыня, она спрашивала о старом смотрителе и ходила к нему на могилу.

– Какая барыня? – спросил я с любопытством.

– Прекрасная барыня, – ответил мальчишка. – Она ехала с детьми, с няней и с чёрной собакой. Когда ей сказали, что старый смотритель умер, она заплакала и сказала детям: «Сидите тихо, а я схожу на кладбище». Я хотел проводить её, а барыня сказала: «Я сама дорогу знаю». И дала мне пять копеек серебром – такая добрая барыня!

Мальчик показал мне могилу старого смотрителя.

– И барыня проходила сюда? – спросил я.

– Проходила, – ответил Ванька, – я смотрел на неё издалека. Она легла здесь и лежала долго. Потом барыня пошла в село, позвала священника, дала ему денег и уехала. И мне дала пятак серебром. Такая славная барыня.

И я дал мальчику пятачок и не жалел уже ни о поездке, ни о семи рублях, потраченных мною.

ЛЕКСИКА

смотритель	развязывать / развязать
проезжающий	трогать / тронуть
ужасный	останавливаться/ остановиться
жилище	шинель
избавляться / избавиться *от кого-чего*	повышать / повысить
крик	сцена
дрожать	ласково
колокольчик	стройный
подорожная	гусар
издавать / издать	вежливо
общественное мнение	шитьё
догадываться / догадаться *о чем*	доволен, -на, -но, -ны *кем*
обстоятельства	прощаться / попрощаться *с кем*
чин	край
забота	терпеть
сливки	молиться / помолиться
поражать / поразить	крёстная мать

рассматривать = смотреть долго и внимательно
блудный сын
развратный
ложный
свинья
раскаяться
память
впечатление
производить / произвести впечатление
смелый
расставаться / расстаться *с кем*
провожать / проводить
считать / посчитать
предчувствие
морщины
горб
превращать / превратить *кого в кого*
притворяться / притвориться
шёпотом
прекращать / прекратить
велеть
обманщик
хвастаться / похвастаться *чем*
халат
произносить / произнести
виноват *в чем, перед кем*
просить прощения
честное слово
рукав
коляска
точно так = да
греметь / загреметь
любоваться *кем*
убирать / убрать
туча
баба
тратить / потратить
могила
кладбище
рыжий
няня
серебро
пятак = пять копеек
славный

АКТИВНАЯ ЛЕКСИКА

1.

поведение ← вести себя
возвращение ← возвращать(ся)
разрешение ← разрешать

воспоминание ← воспоминать
ожидание ← ожидать

2.

ругать ≠ хвалить
трудный ≠ лёгкий
бедный ≠ богатый
день ≠ ночь
друг ≠ враг

привыкать / привыкнуть *к чему* ≠ отвыкать / отвыкнуть *от чего*
прощаться / попрощаться *с кем* ≠ здороваться / поздороваться *с кем*
соглашаться / согласиться *с кем-чем* ≠ отказываться / отказаться *от чего*

3.

домик – дом
платочек – платок
пятачок – пятак
колокольчик – колокол
старушка – старуха
дудочка – дудка
записочка – записка
собачка – собака
картинка – картина
серёжки – серьги

4.

молчаливый
разговорчивый
приветливый
весёлый
скромный
общительный

ЗАДАНИЕ

1. Вставьте глаголы движения.

Приезжать / Приехать
Приходить / Прийти

А.

1. В прошлом году ко мне __________ сестра, она была в Москве только две недели.

2. Сейчас я работаю в Москве, я __________ два года назад.

3. Гробовщик спал долго, и когда он спал, к нему __________ сосед. Когда гробовщик проснулся, он спросил __________ ли кто-нибудь от покойницы Трюхиной.

4. К вам __________ клиент – он ждёт вас в кабинете.

5. Мой брат сейчас в Москве, он __________ вчера.

6. К тебе __________ сосед, сказал, что __________ завтра утром.

Б.

1. __________ генерал, смотритель отдаёт ему две последние тройки.

2 Когда я __________ на станцию, я хотел скорее переодеться.

3. К обеду __________ врач и сказал, что гусару нужно одно только спокойствие.

4. Врач, который __________ к гусару, теперь лечил старика.

5. Смотритель __________ в Петербург и остановился у своего

друга.

6. Мальчик сказал, что летом __________ барыня.

7. Мы стояли на кладбище, и я спросил мальчика: «И барыня __________ сюда?»

2. Прочитайте фразы и переведите на корейский язык.

1. **При этих словах** вышла девочка, ей было лет четырнадцать.
2. Я обрадовался **при мысли**, что увижу её снова.
3. Даже сердитый барин **при ней** утихал и приветливо разговаривал со смотрителем.
4. Лошадей не было. **При этом известии** проезжий повысил голос.
5. Больной **при смотрителе** охал и не говорил почти ни слова.
6. С этими словами он прицелился в меня **при ней!**
7. Не говорите об этом **при мне**: я не хочу знать всех ваших секретов.

3. Прочитайте фразы и переведите на корейский язык.

1. Возвращаюсь **к моей повести**.
2. Я приближался **к станции** с печальным предчувствием.
3. **К обеду** приехал врач.
4. Наконец **к вечеру** приехал кучер – один и пьяный.
5. Целый день он ходил от Разгуляя **к Никитским воротам** и

обратно. **К вечеру** всё организовал и пошёл домой пешком.

6. Павел Иванович встал и пошёл **к дому**.
7. Мать и сёстры уехали **к соседям**.
8. Сильвио пошёл **к двери**, остановился, посмотрел на картину, выстрелили и ушёл.

4. Прочитайте фразы и переведите на корейский язык.

1. Я часто ездил **по России по всем направлениям**.
2. Я проезжал **по дороге**, которой уже нет.
3. Генералы с ней **по часу** разговаривали.
4. Смотритель шёл **по Литейной улице**.
5. **По средам** я хожу в бассейн.
6. Когда ребёнок не спал, Ванька всю ночь ходил с ним **по комнате**.
7. **По жребию** граф опять стрелял первый.
8. Адриану показалось, что **по комнатам** ещё ходят люди.

5. Прочитайте фразы и определите значение однокоренных слов.

1. Я **приближался** к станции с печальным предчувствием.
2. Немец вошёл в комнату и **приблизился** к Адриану.
3. Адриан боялся, что наследники договорятся с **ближайшим** гробовщиком.
4. Когда-то обстоятельства **сблизили** нас.

5. Не любил его только самый **близкий** его сосед.

6. Он подошёл **поближе** и увидел старика, который работал в саду.

6. Вставьте подходящий глагол.

Писать / Написать
Подписывать / Подписать
Переписывать / Переписать
Вписывать / Вписать
Описывать / Описать
Записывать / Записать

1. Интересно, кто ___________ это любовное письмо.
2. Я не ___________ своё имя, но я молодая и красивая.
3. Дочь хозяина научила Ваньку читать, ___________, считать до 100 и даже танцевать.
4. Молодой человек был очень весел, ___________ подорожные в книгу.
5. Я не буду ___________ свидания молодых людей.
6. – В этом тексте много ошибок, надо ___________ его.
   – Неправда! Здесь только три ошибки, я думаю, что не надо ___________.
7. Извините, я не ___________ твой телефон, ты не можешь ещё раз сказать.

7. Вставьте подходящий глагол.

Рассказывать / Рассказать
Показывать / Показать

Приказывать / Приказать
Заказывать / Заказать
Отказываться / Отказаться
Оказываться / Оказаться

1. Старик не __________ от вина.

2. Офицер успокоился и __________ себе ужин.

3. Молодой человек снял шинель и __________ стройным гусаром.

4. Больной выпил две чашки кофе и __________ себе обед.

5. Мальчик __________ мне могилу старого смотрителя.

6. Твой хозяин __________ отнести Дуне записку, а я забыл, где она живёт.

7. Он долго __________ , но наконец согласился и начал __________ про своё горе.

8. Вставьте глаголы *садиться / сесть, сидеть.*

1. Смотритель __________ за стол и начал переписывать мою подорожную.

2. На картинке показано развратное поведение сына: он __________ за столом, а вокруг него ложные друзья.

3. Мы __________ и начали беседовать, как будто век были знакомы.

4. Дуня от больного не отходила: целый день __________ около его кровати.

5. Дуня __________ около гусара, и лошади поскакали.

6. Минский __________ в кресле, Дуня, богато одетая, __________ на ручке его кресла.

7. Барыня сказала детям: «__________ тихо, а я схожу на кладбище».

9. Вставьте глаголы *ложиться / лечь, лежать*.

Смотритель ___________ в ту самую постель, где накануне ___________ молодой обманщик.

Приезжала летом барыня, она ___________ на могилу и ___________ долго.

10. Прочитайте предложения и определите тип деепричастия.

1. Генерал едет, **не сказав** ему спасибо.
2. Он вошёл в комнату, **требуя** лошадей.
3. **Не сказав** никому ни слова, он пешком отправился в Петербург.
4. Он, **не отвечая**, вошёл в зал.
5. Он, **не слушая**, шёл дальше.
6. «Кто там?» – спросила она, **не поднимая** головы.
7. **Не получив** ответа, она подняла голову.
8. **Увидев** в дверях старика, он оставил её и подошёл к нему.

11. Измените структуру предложений.

На стене висели картинки, **рассказывающие** историю блудного сына. >
На стене висели картинки, которые рассказывали историю блудного сына.

1. Я стал рассматривать картинки, **висевшие** на стене.

2. Дуня отвечала смело, как девушка, **видевшая** свет.

3. Я узнал картинки, **рассказывающие** историю блудного сына.

4. Я уже не жалел о деньгах, **потраченных** мною.

12. Вставьте словосочетание *тот же.*

1. В _____ ___ день вечером я заметил, как изменилось лицо Зиночки.

2. Прошло несколько лет, и я снова был в _____ ___ местах, на _____ ___ дороге.

3. _____ ___ врач, который приезжал к гусару, лечил и старика.

Урок 5

БАРЫШНЯ-КРЕСТЬЯНКА

ТЕКСТ

В одной дальней деревне жил Иван Петрович Берестов. В молодости он служил в армии. В начале 1797 года оставил службу, поселился в своей деревне и с тех пор никуда оттуда не выезжал.

Он был женат на бедной дворянке, но жена его умерла в родах. Иван Петрович занялся домашними делами и скоро успокоился. Он построил дом по своему плану и фабрику. Зарабатывал на ней много денег. Берестов считал себя самым умным человеком. Соседи, которые приезжали к нему, с ним и не спорили.

В общем, люди его любили, хотя и считали гордым. Не любил его один Григорий Иванович Муромский, самый близкий его сосед. Это был настоящий русский аристократ. Он потратил почти все свои деньги в Москве. Когда умерла его жена, он уехал в последнюю свою деревню. Здесь он сделал себе английский сад, на который уходили все его деньги. У его дочери гувернантка была англичанка. И сельским хозяйством занимался он по английскому методу.

Но на чуждой манер хлеб русский не родится,

и доходы Григория Ивановича не увеличивались. Он и в

деревне мог делать новые долги. Но несмотря на всё это, его считали человеком не глупым. Он первый решил заложить свой дом. А для этого нужно было быть смелым человеком. Но Берестов это совсем не нравилось. Он был консерватором и ненавидел всё новое. Он не мог спокойно говорить об англомании своего соседа и каждую минуту находил повод его покритиковать. Если он показывал свои земли соседу, всегда говорил: «У меня всё не так, как у Григория Ивановича. Зачем нам по-английски деньги терять, нам и по-русски хорошо». Эти его слова передавали самому Григорию Ивановичу с объяснениями. Григорий Иванович, конечно, не любил такой критики. Он очень сердился на соседа и называл его медведем и провинциалом.

Такие были отношения между соседями, когда сын Берестова приехал к нему в деревню. Он закончил университет и хотел пойти в армию, но отец на это не соглашался. И пока что Алексей жил в деревне у отца.

Алексей был в самом деле молодец. Было бы жаль, если бы вместо того, чтобы ездить на лошади в армии, он провёл бы свою молодость, сидя над бумагами. На охоте он всегда ехал первый, ехал быстро и не смотрел на дорогу.

Девушки на него смотрели, но Алексей ими не интересовался. Говорили, что он не интересовался девушками, потому что у него была тайная любовь. И в самом деле, известно было, что он посылал письма по такому адресу: «Акулине Петровне Курочкиной, в Москве, напротив Алексеевского монастыря, а вас очень прошу отдать это письмо А.Н.Р».

Те читатели, которые не жили в деревне, не могут понять, как хороши эти девушки. Они знания о жизни берут из книг, поездку в соседний город считают эпохой в жизни. Если едут в гости, то помнят об это долго, иногда и всю жизнь. Конечно, вы можете смеяться над некоторыми их странностями. Но их индивидуальность всегда будет с ними. В Москве женщины получают, может быть, лучшее образование, но скоро они все становятся похожи друг на друга и не интересны.

Легко представить, что думали наши девушки об Алексее. Но больше всех им интересовалась дочь англомана Лиза (или Бетси, как звал её сам Григорий Иванович). Отцы их друг к другу не ездили, сама она Алексея ещё не видела, но все соседки вокруг только о нём и говорили. Ей было 17 лет. Чёрные глаза оживляли её приятное, смуглое лицо. Она была единственным ребёнком, а значит, была избалованная. Её капризы нравились отцу, но совсем не нравились гувернантке мисс Жаксон. Ей было лет сорок, на лице её всегда было слишком много косметики. Получала она две тысячи рублей и скучала *в этой варварской России.*

Лизина девушка, Настя, была постарше, но такая же несерьёзная, как Лиза. Лиза очень любила её, рассказывала ей все свои тайны. Вместе с ней обдумывала свои планы.

– Разрешите мне, пожалуйста, пойти сегодня в гости, – сказала однажды Настя, одевая Лизу.

– Иди, только куда?

– В Тугилово, к Берестовым. У жены повара день рождения. Она вчера приходила, на обед звала.

– Вот! – засмеялась Лиза, – хозяева в ссоре, а слуги друг к другу в гости ходят.

– А нам всё равно, что хозяева делают. Я ваша, а не папина. А вы ещё с молодым Берестовым не ссорились. А старики могут ссорится, если им это нравится.

– Ну, хорошо, иди, только постарайся увидеть Алексея Берестова, а потом расскажешь мне о нём.

Настя обещала, и Лиза весь день ждала с нетерпением,

когда она вернётся. Вечером Настя говорила с барышней:

– Ну, видела я молодого Берестова – весь день вместе были.

– Как это? Расскажи!

– Ну, поели мы, три часа за столом сидели...

– А Берестов?

– Подождите вы! Сидели мы за столом три часа, потом встали, начали играть, бегать друг за другом. И тут молодой Берестов пришёл.

– Ну и как, правду говорят, что он красивый?

– Очень, стройный, высокий.

– И как, грустный он?

– Грустный? Нет. Даже весёлый. С нами бегать стал.

– С вами? Не может быть!

– Может, может! Поймает и целовать начинает.

– Врёшь ты!

– Не вру, так весь день с нами и был.

– Как это! Говорят, он влюблён и ни на кого не смотрит.

– Как не смотрит! А на меня так смотрел, и на Таню, и на Дашу, никого не обидел!

– А что в доме о нём говорят?

– Говорят, что добрый, только одно нехорошо – за девушками любит бегать, но это ничего – со временем перестанет.

– Как я хочу его видеть!

– Да это нетрудно. До его деревни всего километра три. Идите гулять в ту сторону или поезжайте на лошади. Там его и встретите. Он всегда рано утром на охоту ходит.

– Нет, это нехорошо. Он может подумать, что я за ним бегаю. И отцы наши в ссоре, и мне нельзя будет с ним познакомиться. Ах, Настя! Знаешь что? Я оденусь как крестьянка.

– И действительно, наденьте простую рубашку и идите в Тугилово. Берестов вас увидит!

– А говорить, как здесь говорят, я умею прекрасно. Ах,

Настя, как хорошо мы придумали!

Лиза начала готовиться. Послала кого-то купить то, что нужно для костюма. Сделав себе костюм, она встала перед зеркалом и решила, что никогда такой красивой не была. Она начала вести себя как крестьянка: смеялась, закрывала лицо руками. Настя сказала, что она это делает очень хорошо.

На следующий день рано утром, когда весь дом ещё спал, Лиза уже встала. Она оделась как крестьянка и ушла. Было ранее утро, золотые облака, казалось, ждали солнца. Небо, ветерок и пение птиц вызывали в Лизе детскую весёлость. Она боялась встретить кого-нибудь знакомого и не шла, а летела. Когда она подошла к небольшому лесу, который находился между землями её отца и Берестова, она шла медленнее. Тут она должна была встретить Алексея. Лиза вошла в лес. Она думала ... но можно ли точно сказать, о чём думает семнадцатилетняя девушка, одна, в лесу, в шестом часу весеннего утра? Так она шла по дороге, думая неизвестно о чём, когда навстречу ей выбежала собака и залаяла. Лиза испугалась и закричала. Тут появился из-за деревьев и сам охотник.

– Не бойся, милая. Моя собака не кусается.

Лиза уже успокоилась и говорит:

– А я боюсь, она такая злая!

Алексей (читатель уже знал его) смотрел на молодую крестьянку.

– Можно я тебя провожу, ты откуда?

– Ну проводи, я из Прилучина. Я дочь кузнеца, иду за грибами. А ты кто? Из Тугилова?

– Да, я слуга молодого Берестова.

Лиза не поверила ему:

– Ты врёшь, ты не можешь быть слугой. И одет ты не так, и говоришь не так, как мы.

Лиза больше и больше нравилась Алексею. Он уже хотел

обнять её, но Лиза отошла от него и так холодно и строго на него смотрела, что Алексей даже засмеялся. Но больше к ней не подходил.

– Если хотите, чтобы мы с вами были друзьями, ведите себя скромнее!

– Кто же тебя этому научил? Не Настя ли, моя знакомая?

Лиза почувствовала, что немного вышла из своей роли, но быстро исправила свою ошибку:

– А ты что думаешь, я никогда в хозяйском доме не бываю? Всё видела и всё слышала. Ну ладно, мне идти пора. С тобой тут говоря, грибов не соберёшь.

Лиза хотела уже идти, но Алексей спросил её:

– Как тебя зовут?

– Акулина, – ответила Лиза.

– Я к тебе приду.

– Что ты! Не надо, если отец узнает, что я с тобой одна в лесу говорила, он же меня убьёт.

– Но я хочу тебя снова увидеть!

– Ну, я когда-нибудь сюда снова приду за грибами.

– Когда?

– Ну, завтра.

– В это время?

– Да, да.

Они расстались, Лиза побежала домой, быстро переоделась и вышла в гостиную. Завтрак уже на столе. Отец похвалил её за раннюю прогулку: в английских журналах пишут, что все люди, которые прожили больше ста лет, вставали рано. Лиза в мыслях повторяла весь разговор «Акулины» с молодым охотником.

Алексей тоже целый день думал о своей новой знакомой. На следующий день на рассвете он быстро оделся и побежал к месту свидания. Почти полчаса прошло в ожосился навстречу еидании. Наконец он увидел вдалеке синее платье и брй. Она улыбнулась, но

Алексей заметил на её лице беспокойство. Лиза объяснила, что на этот раз она пришла, потому что она дала слово, но это свидание будет последним. Знакомство это ни к чему хорошему не может привести. Алексей стал уговаривать её не прекращать эти свидания, он сказал, что хочет видеться с ней наедине. Он говорил страстно и в эту минуту был точно влюблён. Лиза слушала его молча. «Дай мне слово, – сказала она наконец, – что ты никогда не будешь искать меня в деревне или расспрашивать обо мне. Дай мне слово не искать других со мной свиданий, кроме тех, которые я сама назначу». Алексей обещал. Потом они разговаривали, гуляя вместе по лесу. Когда Лиза ушла домой и Алексей остался один, он не мог понять, каким образом простая деревенская девочка за два свидания получила над ним такую власть.

Я не буду описывать свидания молодых людей, их разговоры. Скажу только, что не прошло и двух месяцев, а мой Алексей уже был влюблён без памяти, и Лиза была не равнодушнее, хотя и молчаливее его. Они были счастливы и не думали о будущем. Причина ясная. Алексей, хотя он был привязан к милой своей Акулине, всё время помнил расстояние между ним и бедной крестьянкой. А Лиза знала, какая ненависть существовала между их отцами.

Одно событие чуть не изменило их отношения. Однажды рано утром отец Лизы поехал на охоту, но лошадь поскакала быстро, и он не удержался и упал с лошади. Это видел издалека Берестов-старший, сразу подъехал, помог встать и пригласил к себе. Соседи, завтракая, говорили довольно дружелюбно. У Муромского сильно болела нога, и он не мог доехать до дома верхом, поэтому Берестов дал ему свою коляску.

Лиза выбежала навстречу Григорию Ивановичу.

– Что это значит, папа? – сказала она, – Почему вы хромаете?

Отец рассказал ей всё и сказал, что завтра Берестов с сыном обедают у них. Лиза сказала, что она не хочет видеть их и к обеду не выйдет. Отец начал уговаривать её, но потом решил, что с ней лучше не спорить

Лиза пошла в свою комнату, позвала Настю, и они стали обсуждать, что делать.

На следующий день за завтраком отец спросил дочь, выйдет ли она к обеду. Лиза сказала, что она будет обедать с гостями, но попросила отца не показывать своего удивления, даже если ему покажется её поведение странным.

– Ну, хорошо, хорошо, делай, что хочешь, – согласился Григорий Иванович. С этими словами он поцеловал её в лоб, и Лиза побежала готовиться.

Ровно в два часа коляска въехала во двор, объехала круглый газон и подъехала к дому. Лакеи Муромского помогли старшему Берестову подняться по ступенькам. Муромский принимал гостей очень хорошо, перед обедом они осмотрели сад и зоопарк. Алексей, хотя сердце его было занято, с нетерпением ожидал появления хозяйской дочери, о которой он много слышал раньше.

Вернувшись в гостиную, они сели втроём, старики вспоминали прежние времена, а Алексей думал, как себя вести с хозяйской дочерью.

Дверь открылась, и вошла Лиза. Все встали. Отец начал представление гостей, но вдруг остановился – его смуглая Лиза была совсем белой. Фальшивые локоны, гораздо светлее её волос, были похожи на парик Людовика XIV. Все бриллианты её матери сияли на пальцах, шее и в ушах. Алексей не мог узнать свою Акулину в этой смешной и блестящей барышне.

Григорий Иванович, вспомнив своё обещание, старался не показывать удивления.

За обедом Лиза говорила странным голосом и только по-французски. Англичанка не могла ничего понять, но молчала. Она поняла только, что пудру Лиза взяла у неё, и очень сердилась. Только Иван Петрович был как дома: ел за двоих, смеялся и дружелюбно разговаривал.

Наконец гости уехали, и Григорий Иванович начал смеяться и расспрашивать Лизу, зачем ей нужен был этот маскарад. Отец сказал, что Лизе идёт пудриться. Он попросил дочь извиниться перед мисс Жаксон.

Лиза объяснила мисс Жаксон, что она не хотела смеяться над ней. Англичанка успокоилась и подарила Лизе английскую пудру.

Читатель догадается, что на другой день утром Лиза побежала в лес на свидание. Она спросила Алексея, понравилась ли ему барышня. Алексей сказал, что Акулина намного красивее, чем барышня. И он так смешно начал описывать барышню, что Акулина весело смеяться вместе с ним. «Но всё равно, – сказала Лиза, – барышня наша грамотная, а я нет».

И Алексей начал учить Акулину читать и писать. Она в тот же день научилась читать, а на следующий день уже захотела учиться писать. Сначала карандаш не слушался её, но уже через несколько минут она неплохо писала буквы. Алексей не переставал удивляться. Через неделю они уже писали друг другу письма. Настя была почтальоном.

Между тем недавнее знакомство между Берестовым и Муромским продолжалось и уже превратилось в дружбу. Они решили поженить детей. В тот же день Иван Петрович позвал сына в свой кабинет и сказал ему об этом решении. Сын говорил, что не думает жениться, что Лиза совсем не нравится ему.

Но отец ничего не хотел слушать. Дал Алексею три дня и сказал, что если тот не женится, то но не будет считать его своим сыном.

Алексей ушёл в свою комнату и стал думать о власти родителей, о Лизе, об обещании отца сделать его нищим и, наконец, об Акулине. В первый раз он ясно понял, что страстно любит её. Романтическая идея жениться на крестьянке и жить своим трудом пришла ему в голову. Чем больше он думал об этом, тем яснее понимал, что это правильное решение. Он написал письмо Акулине и через слугу отправил его.

На другой день рано утром Алексей поехал к Муромскому, чтобы объяснить всё.

– Дома ли Григорий Иванович, – спросил он, останавливая свою лошадь около дома Муромского.

– Нет, уехал утром, – ответил слуга.

– А Лизавета Григорьевна дома?

– Да, дома.

Алексей вошёл в дом. «Всё будет решено, – думал он, подходя к гостиной, – объясню всё ей!» Он вошёл и ... Лиза, нет, Акулина, его милая смуглая Акулина не в крестьянской одежде, а в белом утреннем платье сидела перед окном и читала его письмо. Она так была занята, что не слышала, как он вошёл. Лиза повернулась, увидела Алексея, закричала и хотела убежать. Алексей стал обнимать её и целовать руки. «Mais laissez-moi donc, monsier; mais être-vous fou?»* – повторяла она. Мисс Жаксон, свидетельница этой сцены, не знала, что подумать. В эту минуту дверь открылась вошёл Григорий Иванович. «Ага! Да вы, кажется, уже всё решили!»

* «Послушайте! Вы сошли с ума!»

ЛЕКСИКА

дворянин, дворянка, дворяне
умереть в родах
спорить
сельское хозяйство
долги
закладывать / заложить
сердиться / рассердиться *на кого*
в самом деле
эпоха
оживлять / оживить *кого-что*
избалованный
ссора
ссориться *с кем*
стараться / постараться
грустный
врать
обижать / обидеть
переставать / перестать
одеваться / одеться

вызывать / вызвать
обнимать / обнять
исправлять / исправить
в мыслях
на рассвете
наедине
назначать / назначить
власть
описывать / описать
расстояние
скакать / поскакать
удерживаться / удержаться
издалека
хромать
парик
сиять
блестящий
нищий
страстно

АКТИВНАЯ ЛЕКСИКА

1.

молодость ← молодой
странность ← странный
индивидуальность ← индивидуальный
весёлость ← весёлый

2.

объяснение ← объяснять
отношения ←
знание ←
пение ←
обещание ←
поведение ←
ожидание ←
удивление ←
терпение ←
появление ←
решение ←

3.

слуга – служить – служба
друг – дружить – дружба

КОММЕНТАРИИ

접미사 ⁻**ин**의 소유형용사

Лиз<u>ина</u> девушка, Настя처럼 접미사 –ин (⁻ина, ⁻ино, ⁻ины) 은 소유의 의미(чей)를 나타내며, "리자(Лиза)"라는 사람의 이름에서 "리자의(Лизин)"라는 소유형용사를 만든다.
이 접미사는 한정된 경우에만 사용될 수 있다. 사람의 이름(Лиза > Лизин)과 친족을 나타내는 단어들(мама, папа, дядя, тётя)에서만 이 접미사는 사용된다.

Светин друг (= друг Светы), Наташин муж (= муж Наташи)
Мамин брат (= брат мамы), Папино письмо (=письмо папы)

-ин 주격은 단어미형이다. Машин учебник, Машина одежда, Машино письмо

하지만 성질형용사의 단어미와 다른 점은 격변화를 한다는 점이다. 격변화는 수사 **один** 과 같은 형태로 변화한다.

Машин брат
Машиного брата
Машиному брату
Машиного брата
Машиным братом
Машином брате

Машина сестра
Машиной сестры
Машиной сестре
Машину сестру
Машиной сестрой
Машиной сестре

1. Это **дом кошки**. → Это кошкин дом.
2. Котята живут в **доме кошки**. → Котята живут в кошкином доме.
3. **Сестра мамы** живёт в Голландии. → Мамина сестра живёт в Голландии.
4. Вчера из Парижа приехал **брат папы**. → Вчера из Парижа приехал папин брат.
5. Мы ходили в театр **с братом папы**. → Мы ходили в театр с папиным братом.
6. **Друг Саши** хотел стать писателем. → Сашин друг хотел стать писателем.
7. Бабель написал рассказ **о друге Саши**. → Бабель написал рассказ о Сашином друге.
8. **Подруга Марины** живёт в Петербурге. → Маринина подруга живет в Петербурге.
9. Я встречал **подругу Марины** там. → Я встречал Маринину подругу там.

ЗАДАНИЕ

1. Переведите фразы на корейский язык.

Считать + кого + кем

1. Мы считали его стариком.
2. Его считали неглупым человеком
3. Все считали Машу богатой невестой.
4. Люди его любили, хотя и считали гордым.
5. Берестов считал себя самым умным человеком.
6. Отец сказал Алексею, что он не будет считать его своим сыном, если он не женится.

2. Вставьте глаголы.

Знать
Узнавать / Узнать

1. Лиза ________ , что Алексей приехал к отцу.
2. Когда мы читаем повести Пушкина, мы ________ о том, как жили в России 200 лет назад.
3. Лиза с нетерпением ждала Настю, потому что хотела ________ всё о соседе.
4. Алексей (читатель уже ________ его) смотрел на молодую крестьянку.
5. Если отец ________ , что я с тобой говорю, то он меня убьёт.

6. Алексей не мог ________ свою Акулину в этой смешной и блестящей девушке.

3. Вставьте глаголы.

Учить / Научить *кого чему* или + *инф.* (*несов.*)
Учиться / Научиться *у кого чему* или + *инф.* (*несов*)

1. Кто тебя этому ________ ?
2. И Алексей начал ________ Акулину читать и писать.
3. Она в тот же день ________ читать, а на следующий день уже захотела ________ писать.
4. В рассказе Чехова «Ванька» дочь хозяина ________ мальчика читать, писать и даже танцевать.

4. Измените предложения, используя структуру *так..., что.*

Наши русские друзья **бькстро** говорят, и мы ничего не понимаем. >
Наши русские друзья **так** быстро говорят, **что** мы ничего не понимаем.

1. Она посмотрела на него **холодно**, и Алексей засмеялся.
2. Он **смешно** начал описывать барышню, и Акулина смеялась вместе с ним.
3. Она **быстро** научилась читать и писать, и Алексей не переставал удивляться.
4. Она была **занята** и не слышала, как он вошёл.

5. Ванька жил в городе **плохо** и хотел убежать домой в деревню пешком.

6. Смотритель **полюбил** гусара, и на третье утро жаль было расставаться с ним.

7. Отец **забеспокоился** и сам пошёл в церковь.

5. Измените предложения, используя структуру *такой..., что.*

Книга **интересная**, и я читал до утра. >
Книга **такая** интересная, **что** я читал до утра.

1. Алексей **добрый**, и все его любят.

2. Лиза **красивая**, и Алексей сразу полюбил её.

3. Настя **умная**, поэтому хозяйка всегда советовалась с ней.

4. Дуня **красивая**, и все любили её.

5. Рассказы Пушкина **интересные**, мы прочитали все.

6. Измените словосочетания в скобках.

1. Алексей мало разговаривал с (хозяйская дочь). Она говорила (странный голос) и по-французски. Иван Петрович занимался (домашние дела). Берестов считал себя (умный человек). Люди передавали эти слова с (объяснения).

2. Алексей поехал к (свой сосед), чтобы объяснить всё. Берестов построил дом по (свой план). Ровно в два часа коляска подъехала к (дом). (Молодой человек) нравилась крестьянская

девушка. Берестов помог (свой сосед) встать. (Английская гувернантка) не нравились капризы Лизы.

3. Каждый день он получал письма от (своя подруга). Лиза тоже получала письма от (свой друг). Лошадь остановилась около (хозяйский дом). Автор описывает свидания (молодые люди).

4. Лиза взяла (пудра) у англичанки. Он пошёл в (своя комната) и стал думать. Каждое утро он ездил на (охота). Он ехал и не смотрел на (дорога). Через (неделя) она уже могла писать письма. Алексей полюбил (крестьянская девушка).

저자

문준일

한국외국어대학교 노어과 졸
한국외국어대학교 대학원 노어노문학과 석사
Московский государственный университет,
Кафедра русской литературы 20 в. 박사
현 경상대학교 인문학연구소 연구교수
20세기 러시아 문학 및 문화 전공

추석훈

한국외국어대학교 노어과 졸
New York University, Russian and Slavic Studies 석사
Indiana University at Bloomington,
Slavic Languages and Literatures 박사
현 한국외국어대학교 노어과 부교수
역사언어학 및 형태통사론 전공

파워 러시아 문학 텍스트 II

초판 1쇄 발행 2011년 2월 25일
초판 3쇄 발행 2014년 2월 20일

책임저자 추 석 훈 **공저자** 문 준 일
펴낸이 박 철 **펴낸곳** 한국외국어대학교 출판부
130-791 서울특별시 동대문구 이문로 107
전화 02)2173-2495~7 **팩스** 02)2173-3363
홈페이지 http://press.hufs.ac.kr **전자우편** press@hufs.ac.kr
출판등록 제6-6호(1969. 4. 30)
편집 · 디자인 (주)이환디앤비 02)2254-4301
정가 8,000원 **ISBN** 978-89-7464-652-3 93890

* 잘못된 책은 교환하여 드립니다.

HUINE은 한국외국어대학교출판부의 어학 및 사회과학도서 Sub Brand이다. 한국외대의 영문명인 HUFS, 현명한 국제전문가 양성의(International+Intelligent)의 의미를 담고 있으며, 휴인(携引)의 뜻인 '이끌다, 끌고 나가다'라는 의미처럼 출판계를 이끄는 리더로서, 혁신의 이미지를 담고 있다.